SOLVING PRODUCT DESIGN EXERCISES

SOLVING PRODUCT DESIGN EXERCISES

독자의 1초를
아껴주는 정성을
만나보세요!

세상이 아무리 바쁘게 돌아가더라도 책까지 아무렇게나 빨리 만들 수는 없습니다.

인스턴트 식품 같은 책보다 오래 익힌 술이나 장맛이 밴 책을 만들고 싶습니다.

땀 흘리며 일하는 당신을 위해 한 권 한 권 마음을 다해 만들겠습니다.

마지막 페이지에서 만날 새로운 당신을 위해 더 나은 길을 준비하겠습니다.

해결 할 프로덕트 디자인

Solving Product Design Exercises

초판 발행 · 2023년 7월 14일

지은이 · 아르티엄 다신스키

옮긴이 · 김정혜

발행인 · 이종원

발행처 · (주)도서출판 길벗

출판사 등록일 · 1990년 12월 24일

주소 · 서울시 마포구 월드컵로 10길 56(서교동)

대표전화 · 02)332-0931 | **팩스** · 02)323-0586

홈페이지 · www.gilbut.co.kr | **이메일** · gilbut@gilbut.co.kr

기획 및 책임편집 · 한동훈(monaca@gilbut.co.kr) | **디자인** · 책돼지 | **제작** · 이준호, 손일순, 이진혁

영업마케팅 · 임태호, 전선하, 차명환, 박민영, 지운집, 박성용 | **영업관리** · 김명자 | **독자지원** · 윤정아, 최희창

교정교열 · 박한솔 | **전산편집** · 책돼지 | **출력 및 인쇄** · 정민문화사 | **제본** · 정민문화사

· 잘못된 책은 구입한 서점에서 바꿔 드립니다.

· 이 책은 저작권법에 따라 보호받는 저작물이므로 무단전재와 무단복제를 금합니다.
  이 책의 전부 또는 일부를 이용하려면 반드시 사전에 저작권자와 (주)도서출판 길벗의 서면 동의를 받아야 합니다.

ISBN 979-11-407-0521-4 93000

(길벗 도서번호 080377)

정가 18,000원

독자의 1초를 아껴주는 정성 길벗출판사

(주)도서출판 길벗 | IT교육서, IT단행본, 경제경영서, 어학&실용서, 인문교양서, 자녀교육서

www.gilbut.co.kr

길벗스쿨 | 국어학습, 수학학습, 어린이교양, 주니어 어학학습, 학습단행본

www.gilbutschool.co.kr

페이스북 · www.facebook.com/gbitbook

예제 소스 · https://github.com/gilbutITbook/080377

SOLVING PRODUCT DESIGN EXERCISES

아르티엄 다신스키 지음

김정혜 옮김

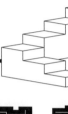

이제는 프로덕트 디자인이다

해결 할 프로덕트 디자인

구글, 메타, 아마존은 프로덕트 디자인을 묻는다

프로덕트 디자인에 대해서는 거의 문외한이나 다름없으면서도 용감하게 이 책 번역을 시작했다. 운전할 때면 자동으로 내비게이션 앱을 열고, 가족이나 친구들과의 만남을 위해 레스토랑 예약 플랫폼으로 예약하고, 택시나 대리 기사가 필요할 때도 호출 앱을 사용하는 등 매일 이런저런 애플리케이션을 사용하면서도 편의성만 생각했지, 디자인에 대해서는 몰랐던 터라 이참에 공부하고 싶은 마음도 있었다. 결론부터 말하면 세상 사람들의 불편을 덜어주고 편리한 삶을 위해 노력하는 프로덕트 디자이너들에게 존경심마저 들었다.

오랫동안 프로덕트 디자이너로 활동하고 있는 저자가 프로덕트 커뮤니티의 발전에 기여하고 싶어 하는 진심이 느껴졌다. 동료 디자이너에게 프로덕트 디자인에 관한 자신의 지식, 스킬, 인사이트 등을 하나라도 더 공유하려고 애쓴 흔적이 이 책 곳곳에

묻어났다. 특히 빅테크에서 프로덕트 디자이너로 성공할 수 있는 알짜 팁도 들려준다. 아울러 동료 디자이너들이 도움을 받을 수 있는 다양한 리소스도 아낌없이 알려준다. 그러면서도 프로덕트 디자이너 커뮤니티의 문제점에 대한 애정 어린 쓴소리도 잊지 않았다.

제목에서 보듯이, 당연히 이 책은 프로덕트 디자이너의 프로덕트 디자이너를 위한 프로덕트 디자인에 관한 내용이다. 저자는 현재 프로덕트 디자이너로 커리어 발전을 희망하는 사람은 물론이고 프로덕트 디자인에 입문하고 싶은 사람이 디자인 실기 테스트의 산 앞에서 주저앉거나 길을 잃지 않고 완전히 정복할 수 있는 상세한 '내비게이션'을 제공한다. 저자가 소개하는 예제는 거창한 프로젝트가 아니다. 오히려 일상생활의 편의와 관련된 예제라 전혀 위압감이 들지 않는다. 이 책의 도움으로 실기 테스트의 산을 정복하는 디자이너가 많아지면 수많은 사람의 삶에 영향을 주는 획기적인 프로덕트가 탄생할 수도 있다. 한 가지 더, 저자는 인터뷰어가 인터뷰를 어떻게 준비하고 어떤 마인드셋으로 임해야 하는지 경험에 기반한 조언까지 살뜰히 챙긴다.

이 책은 디자이너가 아닌 사람도 그들의 세상을 들여다볼 수 있는 작은 창문을 제공한다. 이는 내가 번역하면서 충분히 경험한 일이다. "신은 디테일에 있다(God is in the details)"라는 말처럼 많은 사람의 삶에 영향을 미치게 될 프로덕트의 작은 기능 하나를 디자인하기 위해 수많은 요소가 작용한다는 것을 새삼 깨달았다. 캐시리스 사회의 한 단면으로 현금 없이 카드 하나로 대중교통을 심리스하게 이용할 수 있는 것부터, 기후 위기에 대처하는 작은 실천으로 확대되는 리필 키오스크와 안전한 운전을 도와주는 내비게이션 앱까지, 우리가 일상에서 당연하게 생각하는 많은 생활 편의가 프로덕트 디자이너들의 열정과 땀과 노력으로 탄생했다.

이 책의 번역을 마치면서, 모든 현역 프로덕트 디자이너에게 박수를 보내며 건승을 빈다. 그리고 미래의 프로덕트 디자이너에게는 이 책의 도움으로 꿈을 이루고 세상의 소금 같은 프로덕트를 탄생시키기를 마음을 다해 응원을 보낸다.

김정혜

목차

들어가며

오늘날은 바야흐로 디자인의 황금시대다. UX(사용자 경험)와 프로덕트 디자이너는 수백만, 아니 수십억 명의 삶에 영향을 미치는 창조적이고 도전적인 일을 하고 있다. 게다가 고수익까지 따라온다. 디자인의 중요성을 이해하는 기업이 날로 많아지고, 기업에서 요직을 차지하거나 직접 창업에 나서는 디자이너도 점점 늘어나는 추세다.

시각적 안목이 뛰어나다고 무조건 최고의 디자이너인 것은 아니다. 물론 미적 감각이 중요한 것은 사실이지만, 오늘날 우리 업계에서 가장 성공적인 디자이너들은 디자인이 비즈니스에 어떤 영향을 미치는지 그리고 조직 내에서 갖는 디자인의 가치를 깊이 이해하고 있다.

IT 기업에서 디자이너로 성공하기 위해서는 많은 역량과 기술이 필요하다. 디자인으로 비즈니스에 영향을 미치는 방법, 엔지니어와 협업하는 비결, 비(非)디자이너에게 디자인 산출물을 프레젠테이션하는 기술, 고객 리서치를 수행하고 고객을 이해하는 방법론, 비즈니스의 핵심 성과 지표(Key Performance Indicator, KPI)를 달성하기 위해 디자인을 최적화시키는 기교, 디자인의 성능을 측정하는 방법 등과 같이 말이다. 그러나 안타깝게도 디자인 전문 교육기관이 이런 기술과 방법을 전부 가르쳐주는 것은 아니다. 하나의 산업으로서 우리는 기술적으로 더욱 뛰어난 디자이너에게 관심이 많다. 이런 점에서 나는 우리가 미학성을 초월해 디자인을 가르칠 수 있는 양질의 교육 리소스를 창조하기 위해 노력해야 한다고 믿는다. 우리는 우리 커뮤니티의 구성원 모두가 어떻게 영향력을 키우고 성장할 수 있을지 이해하도록 도와주어야 한다. 이 책의 목표는 두 가지다. 먼저 이런 기술 격차를 해소하는 데에 집중한다. 아울러 디자이너와 기업이 서로의 간극을 메울 수 있게 지식을 공유하도록 동기를 부여하고 싶다. 당신은 이 책에서 디자인의 시각적인 측면만이 아니라 그 이상을 해결하는 솔루션을 만드는 데 도움이 되는 툴과 기법을 기대해도 좋다.

기업이 비즈니스 문제를 해결하도록 도와줄 방법을 배우는 디자이너라면, 디자인 커뮤니티가 더 나은 프로덕트를 만드는 데에도 일조할 것이 틀림없다. 나아가 우리 커뮤니티가 그러한 디자이너의 도움으로 오늘날의 가장 시급한 글로벌 문제들을 반드시 해결해서, 더욱 지속 가능하고 건강하며 평등한 세상을 만들 것이라는 희망도 품어본다.

이 책을
왜 썼을까

최근 나는 위워크(WeWork)에서 몇몇 프로덕트의 디자인을 이끌었다. 위워크는 사업체와 개인에게 공간과 커뮤니티 그리고 서비스를 제공하는 공유 오피스 플랫폼이다. 17만 5,000명이 넘는 회원으로 구성된 위워크 커뮤니티는 전 세계 64개 도시에서 200개 이상의 지점을 운영한다.[1] 위워크의 급속한 성장을 견인하는 핵심 동력 중 하나는 기술이다. 위워크는 2017년 한 해 동안 31개 도시에 신규로 진출했으며 90개의 지점을 새로 열었고 2016년 8만 명이던 회원은 2017년 17만 5,000명으로 증가해 커뮤니티 규모가 두 배 이상 커졌다.

내가 맡은 역할 중 하나는 위워크 연구개발(R&D) 센터에서 근무할 유능한 디자이너들을 채용하는 것이었다. 수십 명의 디자이

---

[1] "2017년 위워크 보고서(WeWork 2017 Year in Review)", https://wework.com/blog/posts/wework-2017-year-in-review

너를 면접했고 다양한 직급의 디자이너가 작업한 100개 이상의 포트폴리오를 검토했다. 우리가 중요하게 생각했던 불합격 사유 중 하나는 디자이너의 역할에 대한 이해 부족이었다. 다시 말해, 디자인의 미학적 요소를 초월하여 비즈니스 맥락에서 디자이너의 역할을 이해하지 못하는 지원자는 우리와 함께 할 수 없었다.

메타 플랫폼스(Meta Platforms, Inc.)의 전신인 페이스북에서 프로덕트 디자인 담당 부사장을 지낸 줄리 줘(Julie Zhuo)는 디자인 커리어 경로가 세 단계로 이루어진다고 설명한다[2](그림 0-1을 참고하라).

- 1단계: 기교와 실행 – 디자인의 기본 요소들을 습득하고 디자인의 다양한 툴을 완벽히 숙지하며 명확성과 시각적 미학성을 갖춘 인터페이스를 디자인하는 실력을 기른다.

- 2단계: 프로덕트 중심 사고(Product Thinking) – 줄리 줘는 "프로덕트 중심의 심층적인 사고는 좋은 결과물이 어떤 것이고, 그런 좋은 결과물로 이어지는 경험을 어떻게 디자인할지 이해한다는 뜻이다." 라고 정의한다.

---

2 "디자인 커리어의 시작(The Beginning of your Design Career)", 블로그 플랫폼 미디어(Media)에서 줄리 줘가 운영하는 블로그 거울 속의 시간(The Year of the Looking Glass), 2017년 2월 13일 업로드, https://medium.com/the-year-of-the-looking-glass/the-beginning-of-your-design-career-549828025494

● 3단계: 영향력 기술 – 명확한 커뮤니케이션, 효과적인 협업

지금부터 2단계인 프로덕트 중심 사고에 대해 알아보자.

그림 0-1 줄리 줘가 정의하는 3단계 프로덕트 디자인 커리어 경로

프로덕트 디자인 커리어 경로
(줄리 줘)

기교와 실행　　　　　　프로덕트　　　　　　영향력
　　　　　　　　　　　중심 사고　　　　　　기술

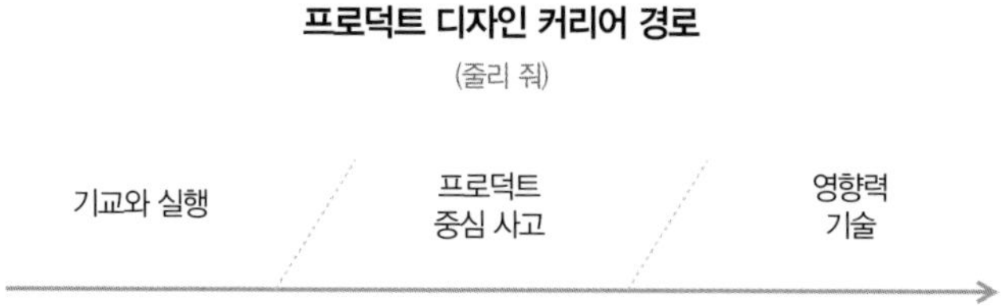

메타, 구글, 아마존 같은 빅테크 기업에서 디자이너의 역할은
미학적인 영역에 국한되지 않는다. 오히려 디자이너는 프로덕
트 중심 사고에 집중한다. 최고의 IT 기업에서 디자이너는 회사
가 반드시 적절한 사용자를 위한 적절한 기능을 개발하도록 만
들어야 한다.[3] 디자이너는 회사의 비즈니스 목표는 물론이고 자
신의 일이 그 목표와 어떻게 연결되고, 자신이 만드는 프로덕트
의 사용자가 누구이며, 사용자의 니즈가 무엇이고, 자신의 디자
인 산출물의 성공을 어떻게 측정할지 등을 잘 이해해야 한다.

3　"프로덕트 중심 사고가 왜 UX 디자인을 이끌 차세대 주자일까(Why Product Thinking
　is the next big thing in UX Design)", 미디엄, 2015년 7월 5일 업로드, https://
　medium.com/@jaf_designer/why-product-thinking-is-the-next-big-thing-
　in-ux-design-ee7de959f3fe

〈2017년 IT 산업 디자인 보고서(Design in Tech Report 2017)〉[4]는 "디자인은 단순한 아름다움이 아니라 시장 적합성 및 의미 있는 결과와 관련이 있다."를 핵심적인 업계 동향으로 선정했다. 〈2017년 스타트업의 디자인 미래(Future of Design in Startups 2017)〉[5]가 실시한 설문 조사에서 얻은 가장 중요한 결론은 IT 스타트업에서 디자이너는 비즈니스 영역에 직접 관여할 뿐 아니라 기업 전략, 리텐션(retention)(유지)·참여(engagement)·전환(conversion) 지표, 수익 모델 등을 이해할 필요가 있다는 것이었다. 나는 이것이 비IT 기업에도 해당된다고 생각한다.

기업의 궁극적인 존재 목적은 이익 창출이다. 따라서 기업은 자사의 비즈니스 목표를 달성하는 데 기여하는 구성원을 높이 평가할 것이다. 오늘날에도 디자인의 진가를 알아보지 못하는 기업이 많다. 요컨대 디자인은 비즈니스 목표를 달성시켜줄 수 있다. 이것을 이해하지 못하는 기업은 디자이너가 첫 번째 단계에만 관여하기를 기대한다. 디자이너가 비주얼을 좋게 만드는 시각적 요소를 구현하고 프로덕트의 외형에 집중하기를 원한다는

---

4   "2017년 IT 산업 디자인 보고서(Design in Tech Report 2017)", designintechreport.
    wordpress.com

5   "2017년 스타트업의 디자인 미래(Future of Design in Start-Ups 2017)"가 실시한 설
    문 조사, http://futureof.design

말이다. 이런 편협한 기대는 디자이너와 기업 모두에게 부정적인 결과를 가져온다. 디자이너는 커리어를 발전시키기 어렵고, 기업은 디자이너가 기여할 수 있는 더욱 폭넓은 가치에서 이득을 취할 기회를 놓치고 만다.

그렇다면 이런 간격이 생기는 이유는 무엇일까? 크게 네 가지 이유가 있다.

디자인의 드리블화

디자인 커뮤니티는 드리블(Dribbble), 비핸스(Behance) 같이 훌륭한 리소스가 많다는 점에서 운이 좋다. 디자인 생태계에서 가장 영향력 있는 최대 커뮤니티인 이러한 사이트는 디자이너가 다른 디자이너의 시각적 결과물을 확인할 뿐 아니라 자신의 작업을 보여주고 피드백까지 얻을 수 있는 기회를 제공한다. 하지만 비주얼 중심의 디자인 커뮤니티가 만연함으로써 안타까운 부작용도 생겼다. 디자인의 드리블화(Dribbblisation of Design)[6]가 촉발되는 것이다. 프로덕트의 기능적인 측면보다 비주얼 요소에 집

---

6 "디자인의 드리블화(Dribbblisation of Design)", 비즈니스 메신저 소프트웨어를 제공하는 기업 인터콤이 운영하는 블로그 인사이드 인터컴(Inside Intercom), http://blog. intercom.com/the-dribbblisation-of-design/

착하는 현상을 일컫는 이것은 디자이너와 기업 모두에게 "프로덕트 디자인이 곧 드리블이다."라는 잘못된 인식을 심어준다.

기업과 디자인 커뮤니티 사이의 소통 단절 ──────

상위 1% 기업은 자사의 비즈니스 목표를 달성하기 위해 디자이너를 활용하는 방법을 알아냈다. 이러한 지식은 이들 기업에서 내부 디자이너와 비즈니스 전반에 도움이 되지만, 그 노하우가 외부와 공유되지는 않는다. 이들 기업은 상위 1% 인재를 성공적으로 유치하고 초보 디자이너를 사내에서 교육시킬 여력이 충분하다. 이로써 이들 기업에서 어떤 기술을 요구하고 디자이너가 직면할 수 있는 프로덕트 관련 이슈가 무엇인지 디자인 커뮤니티에서 알 수 있는 길이 완벽히 차단되었다.

이는 또 다른 문제로 이어진다. 초보 디자이너는 상위 1% 기업의 문턱을 넘기 위해 어떤 목표를 추구해야 하고, 어떤 기술을 습득해야 하며, 어떤 종류의 문제를 해결할 수 있을 것으로 기대되는지 알지 못한다.

'프로덕트 디자이너'의 역할에 대한 다른 기대치 ──────

상위 1% 빅테크를 맹목적으로 모방하여 프로덕트 디자이너라
는 직책을 도입하고 또한 이들 거대 기업과 동일한 인재 집단을
놓고 쟁탈전을 벌일 수 있는 기업도 있다.

하지만 인재를 어렵게 확보한 뒤에 명암이 갈리기도 한다. 프로
덕트 디자이너에게 비주얼이 탁월한 디자인을 만들어 주기만을
원하는 기업이 있는가 하면, 일류 기업은 프로덕트 디자이너가
디자인을 통해 비즈니스 문제를 해결해 주기를 기대하는 법이
다. 사실상 이것은 디자이너들에게 어려운 숙제를 안겨준다. 동
일한 역할에서, 심지어는 동일한 직무 기술서에서 디자이너 스
스로 그 두 가지 역할을 알아내야 하는 것이다.

교육 리소스 부족 ──────

디자이너가 프로덕트 중심 사고를 키울 수 있는 리소스가 턱없
이 부족하다. 디자인 전문 교육기관은 적절한 기술을 가르치지
않고, 온라인 강좌는 충분히 심도 깊은 내용을 다루지 않으며,
기업은 사내 프로세스나 케이스 스터디를 외부와 공유하지 않
는다. 이 결과 디자이너는 면접 중에 자신이 전혀 배우지 못한

무언가를 해 보라는 요구를 받는 경우가 더러 있다.

이는 세 가지 결과로 이어진다.

- 많은 **기업**은 비즈니스 문제를 해결하기 위해 디자이너를 어떻게 활용할 수 있는지 알지 못하며, 디자이너가 성장할 수 있는 적절한 토대를 구축하지 못한다.

- **중급 디자이너**는 자신의 커리어를 발전시킬 방법을 알 수 없으니 디자이너에게 시각적 능력만 요구하는 기업으로 이직하고, 결국 똑같은 과정을 되풀이하게 된다.

- **초급 디자이너**는 빅테크 기업이 디자이너를 채용할 때 어떤 종류의 문제 해결 능력을 보고 싶어 하는지 모른다. 이렇다 보니 초급 디자이너는 프로덕트 (그리고 비즈니스) 관련 문제를 해결하는 능력을 보여주어야 함에도 엉뚱한 곳에 힘을 쏟는다. 시각적 기술을 연마하고 자의적인 비주얼 리디자인(redesign) 콘셉트[7]로 포트폴리오를 채우는 일을 계속하는 것이다.

나는 이러한 기술 격차를 줄이기 위한 첫 번째 노력으로, 위워크가 디자이너 채용 면접에서 출제했던 디자인 실기 테스트 문제들을 공유했다. 이를 통해 지원자가 어떤 유형의 문제를 해결하기를 기대하는지, 어떤 기술을 개선해야 하는지 명확하게 이

---

7   "내가 당신의 가짜 리디자인을 싫어하는 이유!(Why I HATE your FAKE redesign!)", 미디엄, 2017년 3월 28일 업로드, https://medium.com/pixelpoint/why-i-hate-your-fake-redesign-177a626d7f95

해하도록 도와주고 싶었다. 결과를 말하자면, 이러한 노력이 통했다.

나는 환상적인 피드백을 많이 받았다. 디자이너들은 내가 공유한 실기 테스트 문제들을 사용해 포트폴리오를 작성하고 면접에 대비했으며 프로덕트 디자인 기술들을 연습했다. 심지어 예전에는 이러한 종류의 실기 문제에 어떻게 접근해야 하는지조차 몰랐다고 내게 직접 말해준 디자이너도 여럿 있었다. 디자인 전문 교육기관, 기업 그리고 디자인 커뮤니티도 그렇게 하는 방법을 가르쳐주지 않는다는 점을 생각하면 전혀 놀랍지 않은 이야기다.

디자이너는 프로덕트 중심 사고에 대한 인식을 높이고 각자 조직을 위해 가치를 창출하는 방법을 더욱 명확히 이해할 필요가 있다. 이렇게만 된다면 더 잘 준비된 디자이너가 많아지니 우리 디자인 커뮤니티에도 이롭다. 나아가 우리가 프로덕트 디자인 산업 전체를 진일보시키는 희망도 품어봄직하다. 문제는 '어떻게 해야 하는가'다. 이것이 바로 이 책이 탄생한 이유다. 디자인 커뮤니티로서 우리가 디자이너에게 그 두 가지를 위한 적절한 리소스를 제공하도록 만드는 것이 이 책의 목적이다.

이 책을
왜 읽어야 할까

IT 기업에서 프로덕트 디자이너가 어떤 역할을 수행하고 어떤 종류의 도전을 다루는지 알고 싶은가? 그런 도전을 해결하는 방법을 연습하고 싶은가? 이 책에 그 모든 답이 있다. 특히 프로덕트 디자인, UX 디자인, UI(사용자 인터페이스)/UX 디자인 등에서 일할 디자이너를 채용하는 면접에 대비하는 인터뷰어와 지원자에게 유익할 것이다.

더 구체적으로 말해, 이 책은 IT 산업의 채용 과정을 자세히 소개하고 지원자와 인터뷰어 각자의 관점에서 디자인 실기 테스트 문제들에 초점을 맞추려 한다. 미리 말하지만 이런 문제는 구글, 메타, 위워크, 아마존 같은 기업이 채용 과정에서 사용한 기출 테스트에서 영감을 받아 엄선했다. 그렇다면 이 책은 누구에게 어떤 도움을 줄 수 있을까?

- 초급 디자이너

  - 일류 IT 기업이 필요로 하는 일련의 기술을 배우고 연습할 수 있다.

  - 생애 첫 취업 면접을 준비할 수 있다.

  - 채용 회사에 좋은 인상을 주는 알찬 포트폴리오를 구성하는 데 필요한 태스크를 알 수 있다.

- 중급과 책임 디자이너

  - 프로덕트 중심 사고 능력을 키우고 커리어를 발전시킬 수 있다.

  - 인터뷰어로서 디자이너를 검증하는 인터뷰 기술을 배울 수 있다.

  - 미래 취업 면접을 준비할 수 있다.

- 프로덕트 디자인으로 커리어 전환을 희망하는 사람

  - 프로덕트 디자인의 역할에 대해 많이 배우고 적절한 기술을 연습할 수 있다.

  - 생애 첫 포트폴리오에 포함시킬 태스크를 찾을 수 있다.

  - 취업 면접에 대비할 수 있다.

- 비즈니스 리더

  - 생애 처음으로 디자이너를 채용하기 위한 면접 기술을 배울 수 있다.

  - 자신의 조직에서 디자인의 역할을 더 명확히 정의하기 위해, 가장 성공적인 디자이너들의 사고방식을 알 수 있다.

- 기타 업계 종사자(프로덕트 매니저, 엔지니어, 데이터 사이언티스트 등)

  ○ 프로덕트와 관련하여 더 나은 결정을 도출하기 위해 적절하게 질문하는 방법을 배울 수 있다.

  ○ 디자이너의 사고방식을 이해함으로써 디자이너와 더욱 효율적으로 협업하는 방법을 터득할 수 있다.

— 1 —

디자인 실기
테스트 완전 정복:
이론편

1.1

면접 과정

디자인 실기 테스트는 주로 면접 과정의 어느 단계에서 시행될까? IT 산업의 채용 과정을 간략히 살펴보며 알아보자. 회사마다 채용 과정은 제각각이지만, IT 기업 대부분이 프로덕트 디자이너를 채용할 때 사용하는 일반적인 구조가 있다. 이 구조는 아래처럼 7단계로 구성된다.

1. **폰 스크리닝(Phone Screening)**은 짧게는 10분 길어도 20분을 넘기지 않고, 리크루터나 사내 인적자원(HR) 담당자가 진행하는 것이 정석이다. 이 단계의 주요 목표는 지원자와 회사 사이에 기본적인 수준의 적합성이 존재하는지 알아보는 데에 있다. 쉽게 말해 근본적인 '궁합'을 따진다고 보면 된다.

인터뷰어는 채용하려는 직무를 더욱 상세히 설명하고 지원자의 현재 고용 상태, 경력과 경험, 입사 희망자로서 해당 역할에 대해 무엇을 기대하는지 등을 질문할 것이다.

2. **온사이트 또는 폰 인터뷰**는 지원자의 디자인 툴과 프로세스는 물론이고 지원자가 이제까지 활동했던 모든 팀과의 역학을 심층적으로 검증한다. 보통 이 단계에서는 "당신이 반대했던 프로덕트 결정이 있었다면 말해주십시오. 무슨 일이 있었습니까?" 같은 행동 기반 질문도 포함한다. 이른바 행동 면접인 셈이다. 또한 해당 직무에 대한 더욱 상세한 토론도 이 단계에서 이루어진다.

3. **포트폴리오 리뷰**는 두 번째 단계와 통합될 수도 있다. 가끔 지원자는 디자인 또는 프로덕트 리드(lead) 한 사람에게 혹은 3~5명으로 구성된 팀에게 포트폴리오를 프레젠테이션하라는 요청을 받기도 한다. 지원자는 인터뷰어(들) 앞에서 자신이 수행했던 프로젝트들을 자세히 소개할 뿐 아니라 목표가 무엇이었고 무슨 기여를 어떻게 했으며 무슨 근거로 어떤 결정을 내렸는지 명쾌하게 설명해야 한다. 이 책에서 소개하는 프레임워크는 이런 유형의 프레젠테이션에 유익한 길잡이가 될 수 있다.

4. (선택) 때로는 기술 평가의 일환으로서 지원자는 특정한 **프로덕트의 디자인을 비평**하라는 요청을 받는다. 구체적으로 말해 장점, 단점, 개선 방법, 회사가 이 기능을 개발한 이유 등에 대한 비평을 요청받을지도 모르겠다. 이 책에서 소개하는 프레임워크가 이 단계를 준비할 때도 도움이 된다. 아울러 줄리 쥐의 〈프로덕트 비평은 어떻게 할까(How to do a Product Critique)〉[1]라는 제목의 글에서 제안한 가이드라인도 함께 사용하기를 추천한다.

5. 디자인 실기 테스트는 면접 과정의 백미로서 채용 여부에 중대한 영향을 미친다. 지원자는 프로덕트 디자인 문제를 해결하고 자신의 솔루션을 논리적으로 뒷받침하는 모든 결정을 설명해야 한다. 이 책은 실기 테스트에 대비하고 테스트 문제를 완벽하게 풀이할 수 있는 정확한 방법을 설명한다.

6. (선택) 입사 제안 전에 이뤄지는 2차 **비공식 인터뷰**는 가끔 조직 문화와의 적합성, 경험이나 기술과 관련해 지원자의 부족한 측면 같이 회사가 우려하는 사안을 검증하기 위한 단계다.

---

1 "프로덕트 비평은 어떻게 할까(How to do a Product Critique)", 미디엄의 거울 속의 시간, 2014년 6월 17일 업로드, https://medium.com/the-year-of-the-looking-glass/how-to-do-a-product-critique-98b657050638

7. 입사 제안

보면 알겠지만 디자이너에게만 해당되는 단계는 3~5개에 불과하다. 이 책의 목적은 두 가지다. 첫째, 디자인 실기 테스트를 준비하도록 도와주고 둘째, 디자인 비평과 포트폴리오 리뷰 단계에서 활용할 수 있는 다양한 도구를 제공하는 것이다.

1.2

디자인 실기 테스트는 무엇일까

디자인 실기 테스트는 지원자가 면접 중 즉석에서 풀이하여 솔루션을 프레젠테이션해야 하는 디자인 과제다. 기업들이 광범위하게 사용하는 세 가지 보편적인 실기 테스트 유형이 있다.

- **라이브 화이트보드 실기 테스트**(Live Whiteboarding)(소요 시간 15~40분, 온사이트) – 지원자는 인터뷰어가 배석한 자리에서 실기 테스트를 즉석으로 수행하고, 주어진 과제를 풀이하는 동시에 자신의 생각과 결정을 설명해야 한다.

- **온사이트 실기 테스트**(풀이 1시간, 프레젠테이션 10~15분, 질의응답) – 지원자는 필기구와 종이가 비치된 편안하고 조용한 공간에서 주어진 문제를 대략 1시간 안에 해결해야 한다. 1시간의 풀이가 끝난 뒤 지원자는 화이트보드에 와이어프레임(wireframe)과 스케치를 직

접 그리며 자신의 솔루션을 프레젠테이션하는 것이 일반적이다.

● **재택 실기 테스트**(8시간~1주일) – 지원자는 정해진 시간(대개 4~8시간) 내에 하이 피델리티(High-Fidelity, Hi-Fi) 디자인을 제출해야 한다. 최종 산출물에 프레젠테이션은 필수이고 때로는 즉시 개발에 쓸 수 있는 소스 파일(Source File)도 포함된다. 지원자가 재택 실기 테스트에 들이는 시간을 어떤 식으로든 보상해주는 기업도 있다.

일반적으로 볼 때 실기 테스트의 종류는 회사가 필요로 하는 기술에 따라 결정된다.

가령 지원자의 프로덕트 중심 사고를 검증하고 싶다면 회사는 "어린이용 ATM(현금 자동 입출금기)을 디자인하시오." 또는 "뉴욕시 교통카드인 메트로카드(MetroCard) 시스템을 리디자인하시오." 같이 콘셉트 문제를 출제하고 온사이트로 진행할 가능성이 높다. 한편 시각적 기술을 시험할 때는 지원자에게 "200달러 이상의 물리적인 제품을 위한 랜딩 페이지(Landing Page)를 디자인하시오." 같이 UI와 비주얼 요소에 초점을 맞춘 재택 실기 테스트를 요청할 확률이 더 높다.

최종 결과물도 테스트의 목표에 맞춰 유동적일 수밖에 없다. 가령 화이트보드를 사용해 구두로 프레젠테이션하는 와이어프레임과 스케치 형태일 수도, 개발 준비가 된 스케치 파일로 제출하는 하이 피델리티 디자인일 수도 있다.

그림 1-1은 실기 테스트 유형을 간략히 정리한 것이다. 테스트 유형은 필요한 역할이 무엇인지에 따라 달라질 수 있음을 유념하라. 이 책을 준비하면서 직접 인터뷰한, 현재는 구글에서 일하는 어떤 디자이너의 면접 체험담이 이를 잘 보여준다. "지난 3년간 저는 UX 중심 디자이너 일자리를 구하면서 팔란티어(Palantir Technologies)[2], 메타, 애플, 구글, 카약(Kayak)[3]에서 면접을 보았습니다. 회사마다 채용 과정은 다 달랐습니다. 가령 한곳은 디자인 씽킹(design thinking)과 관련된 90분짜리 재택 실기 과제를 내주었습니다. 또 어떤 회사는 1주일 기한으로 로우 피델리티(Low Fidelity, Lo-Fi) 결과물을 도출해야 하는 재택 문제를 출제했습니다."

---

2 역주 미국의 빅데이터 분석 전문 소프트웨어 회사다.

3 역주 미국의 여행 가격 비교 사이트다.

그림 1–1 디자이너 채용 면접에서 사용되는 실기 테스트 유형 요약도

실기 테스트 유형

콘셉트 과제
프로덕트 중심 사고를 시험하며, 온사이트로 진행될 가능성이 높다.

**라이브 화이트보드
실기 테스트**
15~40분, 온사이트

어린이용 ATM을 디자인하시오.

뉴욕시 교통카드인 메트로카드를
리디자인하시오.

스포티파이(Spotify)를 개선하시오.

온사이트 실기 테스트
풀이: 1시간,
프레젠테이션: 10~15분,
온사이트

당신이 거주하는 도시에서 이상적인 룸메
이트를 찾는 경험을 디자인하시오.

링크드인(LinkedIn)은 프리랜서 전용 마
켓플레이스(marketplace)를 출시하기로
결정했다. 전문가를 고용하는 플로(flow)
를 디자인하시오.

재택 실기 테스트
순수 풀이 시간: 4~8시간,
기한: 8시간~1주일

200달러 이상의 물리적인 제품의 랜딩
페이지를 디자인하시오.

비주얼 중심 과제
비주얼/UI 기술을 검증하는 것이 목적이며 재택으로 진행될 가능성이 높다.

실기 테스트 유형

면접 과정에서 출제되는 실기 문제 대부분은 두 개의 범주로 나
눌 수 있다.

1. 새로운 프로덕트를 만든다.

   - 당신이 거주하는 도시에서 이상적인 룸메이트를 안심하고 찾을 수 있는 모바일 프로덕트 경험을 디자인하시오.

   - 일차의료(Primary Care)[4] 의사를 위한 데스크톱 앱 대시보드를 만드시오.

2. 기존 프로덕트를 변경하거나 개선한다.

   - 링크드인이 자사 프로덕트 라인업의 하나로 출시하려는 프리랜서 마켓플레이스를 디자인하시오.

   - 스포티파이에서 소외되는 오디언스 하나를 선택하고, 스포티파이가 이 오디언스에 대한 서비스를 개선할 수 있는 방법을 제안하시오.

위의 각 유형별 실기 과제에 대한 솔루션 예시는 3장에서 알아보자.

면접에서 출제될 가능성은 매우 낮지만 언급할 가치가 있는 두 가지 테스트 유형이 있다.

- 콘셉트 과제

  ○ ATM을 디자인하시오.

  ○ 시각 장애인을 위한 알람 시계를 디자인하시오.

4 　역주　사전적 의미는 의료가 필요하거나 필요하다고 생각하는 사람이 맨 처음 의료 인력과 접촉할 때 제공되는 기본적이고 일반적인 의료라는 뜻이다.

- 비즈니스 지표 지향적 과제

  ○ 핀터레스트(Pinterest)의 리텐션을 개선하시오.

  ○ 에어비엔비(Airbnb)의 새로운 수익원을 창출하는 프로덕트를 디자인하시오.

디자인 실기 테스트는 왜 시행할까

초기 단계의 벤처 기업을 엄선해 투자하는 구글의 자회사 구글 벤처스(Google Ventures, GV)에서 디자인 파트너로 재직했던 브레이든 코위츠(Braden Kowitz)[5]는 언젠가 GV 파트너들이 조언과 정보 등을 공유하는 사이트에서 디자인 실기 테스트에 대해 이렇게 말했다. "그것은 아주 좋은 기법이다. (팀이 수행한 대형 프로젝트로 채운 포트폴리오를 보여주는 것처럼) 속임수를 쓰는 것이 불가능하기 때문이다."

가능한 한 실제 업무와 비슷한 환경에서 정해진 시간 내에 제한된 리소스로 풀이하는 디자인 실기 테스트는 디자이너의 기술

---

5 "디자인 실기 테스트를 통한 디자이너 평가 방법(How to evaluate a designer with a design exercise)", 구글 벤처스 라이브러리(GV Library), 2011년 12월 29일 업로드, https://library.gv.com/how-to-interview-a-designer-with-the-perfct-design-exercise-2c99e6646612

을 검증한다. 이뿐만 아니라 실무 경험이 많지 않거나, 비밀 유지 의무에 해당되어 예전 업무를 검증하기가 힘든 초급 디자이너를 시험하는 유용한 기법이기도 하다.

지원자는 오직 최종 산출물로만 평가받는 것이 아니다. 실기 테스트의 목표는 지원자가 해당 과제에 어떻게 접근하는지, 지원자의 프로세스는 무엇인지, 지원자가 팀과 어떻게 협업하는지 등을 이해하는 것이다. 특히 온사이트 실기 테스트는 프로덕트 중심 사고를 검증하는 것에 더해, 지원자의 다른 여러 능력을 시험하는 데에도 매우 효과적이다.

- 팀과 효과적으로 **커뮤니케이션**하는 능력
- **비판적인 사고** 능력과 좋은 질문을 하는 능력
- **피드백**과 건설적인 비판을 **처리**하는 능력
- 마감 시한이 촉박해 **압박감이 큰 환경에서** 새로운 **문제를 해결**해내는 능력
- **팀이 매일 협업하고 싶은 동료로서의 자질**

이렇듯 디자인 실기 테스트는 지원자의 UI 기술을 검증하는 것을 포함해, 당락에 영향을 미칠 정도로 유익한 효과가 많다. 디자인 실기 테스트가 강력한 면접 기법인 까닭도 바로 여기에 있

다. 거의 모든 실기 테스트의 최종 산출물은 화이트보드에 스케치 형식으로 작성한 와이어프레임이다. 이런 와이어프레임으로는 지원자가 자신의 미학적인 기술을 완벽히 발휘할 수 없다.

SOLVING PRODUCT DESIGN EXERCISES

2

프로덕트 디자인 실기
테스트 완전 정복:
실전 풀이편

디자이너는 시각적으로 사고하는 경향이 있어서 최종 솔루션으로 곧바로 직행해 당장 스케치를 시작하고픈 유혹을 느낀다. 실제 업무에서든 면접에서든, 이런 접근법의 종착지는 정해져 있다고 봐도 과언이 아니다. 오디언스를 만족시키지 못하는 잘못된 프로덕트를 만드는 결과로 이어지기 십상이다. 실기 테스트를 풀이할 때 필히 기억해야 하는 가장 중요한 사실은 **프로세스를 따라야 한다**는 것이다. 성공적인 결과물을 도출하기 위한 필수 조건이 있다. 어떤 것이든 시각적인 작업을 시작하기 전에 주어진 문제를 분석하고, 질문하고, 오디언스를 평가하고, 이해하는 과정이 선행되어야 한다. 이 책은 프로덕트 디자인 실기 테스트를 풀이할 때 유용한 프레임워크를 제시한다. 이 프레임워크를 있는 그대로 사용해도 좋고, 원한다면 각자의 니즈에 맞춰 수정해도 무방하다. 하지만 한 가지는 반드시 기억하라. 구조화된 프로세스는 문제를 해결하고 솔루션을 프레젠테이션하는 데에 귀중한 도우미가 될 수 있다. 프레임워크를 본격적으로 알아보기에 앞서, 실기 테스트를 풀이할 때 유용한 세 가지 팁부터 살펴보자.

실기 문제 자체를 정확히 이해하라

빤한 질문 하나를 해보자. 실기 과제를 명확히 이해하는 이 과정을 생략하면 어떻게 될까? 십중팔구는 실패의 지름길이다. 실기 과제를 성공적으로 수행하려면 다음 네 가지 항목에 대해 자신과 회사의 기대를 일치시키는 것이 매우 중요하다.

- 산출물 유형(스케치 파일, 프로토타입, 프레젠테이션 등)
- 산출물의 피델리티 수준(와이어프레임 또는 하이 피델리티 디자인)
- 프레젠테이션 – 솔루션 프레젠테이션이 필수일까?
- 프레젠테이션 방식(전화 통화, 영상 회의, 이메일, 대면)

회사도 당신이 실기 테스트를 성공적으로 풀이하기를 기대한다는 사실을 명심하라. 따라서 자신의 기술을 증명하기 위해 필요한 모든 환경이 반드시 갖춰지도록, 위 사항들을 명확히 결정하는 것은 회사에게도 유익하다.

질문하고 가정을 세워라

훌륭한 디자이너는 단순히 회사가 내어주는 과제를 받아 풀이에만 맹목적으로 매달리지 않는다. 위대한 디자이너가 지니는 가장 중요한 기술 하나는, 적절한 질문 등을 통해 적절한 오디언스에 적합한 프로덕트를 만드는 데 필요한 모든 정보를 반드시 확보한다는 점이다. 이렇게 볼 때 당신이 해야 하는 일은 명백하다. 주어진 과제와 당신의 목표를 명확히 이해하라. 이 프로덕트가 왜 필요하고, 이 프로덕트의 타깃 오디언스가 누구이며 이 오디언스의 니즈가 무엇인지 정확히 파악하라.

명료하고 확실하게 이해하기 위해 인터뷰어에게 질문하는 것을 두려워하지 마라. 무엇보다 실기 테스트 문제에 관해서는 더욱 그래야 한다. 목표를 명확히 알면, 더 나은 솔루션이 만들어지는 것은 당연하고 솔루션에 대한 확신도 커지게 된다. 당신의 질문에 대해 인터뷰어는 둘 중 하나로 반응할 수도 있다. 직접적인 답변을 들려주거나, 당신이 스스로 결정하고 가정을 세우라고 요청하는 것이다. 행여 후자여도 당신이 무언가 잘못했다고 생각하지 마라. 제한적인 정보로 어떻게 솔루션을 찾아가는지 시험하는 하나의 방법일 뿐이다.

적절한 질문을 하더라도 당신이 완벽한 프로덕트를 만들기 위해 필요한 모든 정보를 얻을 가능성은 없다고 봐야 한다. 《린 스타트업(Lean Startup)》(인사이트, 2012)의 저자이며 동명의 이론[1]을 창시한 에릭 리스(Eric Ries)는 스타트업을 이렇게 정의한다. 스타트업은 '극도로 불확실한 조건 속에서 새로운 제품이나 서비스를 창조할 목적으로 사람이 만든 조직'[2]이다. 가끔 이런 불확실성은 스타트업만이 아니라 기업이 만드는 새로운 모든 프로덕트/제품에 해당된다. 때문에 당신은 극도로 불확실한 환경에서 **가정**(assumption)을 세워야만 할 것이고, 가정을 세우는 당신의 능력은 면접 중에 검증의 도마 위에 오르기 마련이다.

이러한 가정은 주관적이며, 객관적인 데이터로 충분히 뒷받침되지 않는다. 그러나 이러한 주관적인 가정이 성공적인 프로덕트나 기능을 창조하는 데에 필요한 출발점이 될 수 있다. 예를 들어 레스토랑 예약 관리 프로덕트를 만든다면 예약 부도율이 전체 예약의 20%로 추정된다고 가정할 수 있다. 예약 부도율 20%는 레스토랑이 재정적인 손실을 최소화하기 위한 솔루션을

1　역주 린 스타트업은 아이디어를 빠르게 적용하여 최소 요건 제품, 즉 시제품으로 제작한 뒤에 시장의 반응을 보고 그것을 제품 개선에 반영하는 전략을 말한다.

2　"경험이 주는 교훈: 스타트업이란 무엇일까?(Lessons Learned: What is a startup?)", 에릭 리스가 운영하는 '블로그 스타트업 교훈(Startup Lessons Learned)'에 2010년 6월 21일 업로드, http://www.startuplessonslearned.com/2010/06/what-is-startup.html

만들어야 하는 이유가 되는 수치일 것이다.

자신의 솔루션에 대해 비판적으로 접근하라 ──────

당신이 내린 디자인 결정의 근거가 되는 '왜'를 항상 명확히 이해하고, 이를 설명할 준비가 되어 있어야 한다. 세상에 완벽한 솔루션은 없다는 사실을 인지하며 솔루션의 장점과 단점에 대해 설명할 수 있는 능력이 당신과 인터뷰어 양측에게 중요하다. 이러한 접근은 솔루션을 프레젠테이션하는 과정에서 일거양득의 효과를 발휘할 것이다. 이는 당신의 비판적인 사고력을 보여줄 수 있을 뿐 아니라 아이디어에 과도한 집착이 없어지며 방어적인 태도도 완화될 수 있다. 실제 업무나 면접 상황에서도 이러한 인식은 결과물을 얻는 데 도움이 된다.

가령 "에어비앤비를 개선하시오."라는 실기 테스트에서 당신이 대화형 챗봇(chatbot) 서비스 도입을 제안한다고 해보자. 대화형 챗봇은 사용자가 숙소와 체험 활동을 예약할 때 대화할 수 있는 개인 맞춤형 여행 도우미 역할을 한다. 그렇다면 당신이 이런 결론을 도출하게 만든 가정은 어떤 것일까? 챗봇 기능이 플랫폼을 사용하는 중에 발생하는 마찰(friction)을 줄여주고 프로덕트의 전환과 리텐션을 향상시켜줄 것이라는 가정이다. 한편 당신의 솔루션에 대해 지적해야 하는 단점은 어떤 것이 있을까? 이런 규모로 자연 언어 처리(Natural Language Processing, NLP) 프로덕트를 구축하는 것이 엔지니어링 측면에서 엄청난 노력이 소요될 수 있다는 점이다. 게다가 회사는 기술이 정상적으로 작동하지 않는 에지 케이스(Edge Case)에 지원할 별도의 인력을 채용할 필요도 있을 것이다. 이 솔루션을 최종 산출물로 결정하든 아니든, 당신은 이 솔루션의 장점과 단점은 물론이고 최종 결정을 하게 된 이유까지 반드시 설명해야 한다.

2.1

대답의 기술

디자인 실기 테스트를 풀이하는 것은, 간단히 말하면 극도로 제한적인 시간 내에 프로덕트를 디자인하고 당신의 사고 과정과 산출물을 프레젠테이션하는 것이다. 무슨 뜻일까? 실기 과제를 풀이하는 프로세스가 진짜 프로덕트를 만드는 프로세스와 흡사하다는 의미다. 이러한 프로세스에서 핵심은 당신이 무엇을 만들지, 즉 목표를 이해하고 솔루션을 도출하며 그 솔루션의 성공을 측정하는 것이다.

디자인 실기 테스트라는 산을 정복하기 위해 당신은 여섯 가지 질문을 할 수 있다. 이름하여 육하원칙(Five Ws and How, 5W1H) 질문이다.

- 이것을 **왜** 만들까?

- **누가** 이것을 사용할까?

- 이것은 **언제** 그리고 **어디서** 사용될까?

- **무엇을** 만들까?

- 이것을 **어떻게** 측정할 수 있을까?

면접 중 이러한 질문에 대한 답을 명확히 보여주고 프로세스를 따라야 한다.

육하원칙은 언론, 연구, 경찰 조사 등에서 정보를 수집하고 문제를 해결하기 위해 널리 사용된다. 그리고 프로덕트를 만들 때도 육하원칙에 입각한 일련의 질문을 해야 한다. 가령 미국의 UX 권위자 휘트니 헤스(Whitney Hess)는 UX 리서치에서 육하원칙을 따른다.[3] 프로덕트 관리 부문의 베스트셀러 작가 루이스 린(Lewis Lin)은 프로덕트 매니저의 면접 준비를 도와주기 위해

---

3 "UX의 다섯 가지 요소(The Five W's of UX), UX의 52주(역주 52 Weeks of UX, 실제 사용자를 위해 디자인하는 프로세스에 관한 담론을 1년, 즉 52주(週)로 구분해 소개하는 사이트다)", 2010년 7월 23일 업로드, http://52weeksofux.com/post/890288783/the-five-ws-of-ux

개발한 서클스 메서드[4]에서 육하원칙을 활용했다. 이렇듯 육하원칙은 많은 전문 분야에서 효과가 입증된 훌륭한 기법이므로, 나는 누구나 쉽게 기억할 수 있도록 육하원칙에 입각한 프레임워크를 만들었다. 이 프레임워크에 대해서는 조금 뒤에 알아보자.

질문에 대답 일부가 담겨 있다

실기 테스트 문제 자체가 육하원칙의 몇 가지 요소에 대한 답을 암시하는 정보를 담고 있을 가능성이 크다(일반적으로 '어떻게'는 해당되지 않는다). 다음 예시는 동일 과제에 대해 '어떻게'를 제외한, 육하원칙의 나머지 요소들을 다양하게 조합한 것이다.

---

4 《디코딩하고 정복하라(Decode and Conquer)》, https://www.amazon.com/ Decode-Conquer-Answers-Management-Interviews/dp/0615930417

역주 CIRCLES Method™. 디자인에 관한 모든 질문에 완벽하고 사려 깊게 대답하도록 해주는 프레임워크로 상황 이해(Comprehend the Situation), 고객 확인(Identify the Customer), 고객 니즈 보고(Report the Customer's Needs), 우선 순위 결정(Cut Through Prioritization), 솔루션 목록화(List Solutions), 장점과 단점 평가(Evaluate Trade-offs), 제안 요약(Summarize the Recommendation)의 단계를 말한다.

- 프리랜서(WHO)의 워크플로(workflow)를 개선할 프로덕트를 디자인하시오.

- 프리랜서(WHO)의 워크플로를 개선하기 위한 웹 앱 대시보드(WHAT)를 디자인하시오.

- 글로벌 노동 시장은 프리랜서와 계약직 비중이 증가하는 추세다. 하지만 프리랜서와 클라이언트 사이의 워크플로 관리를 지원하는 프로덕트가 전혀 없다(WHY). 더욱이 프리랜서가 비즈니스 관리에 투자하는 시간에 비례해 자신이 정말로 하고 싶은 일에 투자하는 시간이 줄어들고 따라서 수입도 더 적을 수밖에 없다(WHY). 프리랜서(WHO)가 클라이언트에게서 의뢰받은 작업을 관리하고 모니터하며 계획을 수립하도록 지원해 줄 웹 앱 대시보드(WHAT)를 디자인하시오.

이렇듯 정보가 더 많이 포함될수록 최종 솔루션에 대해 더 많은 지침을 얻고 솔루션을 구현하는 데 사용할 수 있는 시간이 더 많아진다.

지금부터는 육하원칙에 입각한 질문의 답을 찾는 방법에 대해 알아보자.

2.2

프레임워크

처음에는 프레임워크가 방대한 프로세스 같다는 위압감이 들수도 있다. 하지만 이 기법을 훈련하고 나면 거의 모든 단계를 수행하는 데 각각 1~2분이면 충분하다는 것을 깨닫고, 단계 사이의 전환도 자연스럽게 느껴지기 마련이다. 더욱이 나는 두 가지 프레임워크 도구도 만들었다. 첫째는 프레임워크 캔버스인데, 이것은 프레임워크 프로세스에서 당신의 길잡이가 되어주고 당신이 프레임워크를 쉽게 기억할 수 있도록 도와준다. 프레임워크 캔버스를 A4 용지에 출력해서 5장에 소개된 실기 테스트 예시를 풀이하는 연습을 해도 좋다. 프레임워크 캔버스에 대해 자세히 알고 싶다면 부록을 확인하라. 두 번째 도구는 치트 시트(Cheat Sheet)(그림 2-1)로서, 말 그대로 당신이 다음 단계와 어떤 질문을 해야 하는지 스스로 상기하기 위해 슬쩍 '훔쳐볼' 수 있는 커닝페이퍼이다.

실제 업무 현장에서 프로덕트를 개발할 때는, 프레임워크의 거의 모든 단계가 팀원들(프로덕트 매니저, 데이터 애널리스트 등)과의 협업을 통해 결정되는 것이 일반적이다. 따라서 이런 단계 중 어딘가에 갇혀 전진하지 못하거나 특정 단계를 완벽히 해내지 못했다는 기분이 들어도 당황할 필요는 없다. 하지만 반드시 완벽하게 해내야 하는 단계가 하나 있다. 바로 당신의 UI/UX 기술을 증명해 보여야 하는 여섯 번째 단계다. UI/UX 기술은 지위고하, 경험의 많고 적음을 떠나 모든 디자이너에게 기대되는 핵심 역량이다. 심지어 다른 단계들과는 달리, 이번 단계의 성공이 오직 당신 한 사람의 어깨에 달려 있을 가능성도 배제할 수 없다. 무슨 뜻일까? 회사 내에서 당신만 UI/UX 기술을 보유할 수도 있다는 이야기다.

프레임워크를 본격적으로 해부하기에 앞서, 마지막으로 한 가지만 당부하자. 프레임워크를 맹목적으로 따르지 마라. 세상의 모든 프레임워크가 그렇듯이 이 책에서 소개하는 프레임워크도 모든 실기 테스트에 대한 만능 치트키가 아니다. 따라서 프레임워크를 언제 적용할지는 당신 스스로 결정하라. 하지만 이것만은 약속한다. 프레임워크는 프로덕트 디자인 실기 문제가 어떤 것이든, 당신이 문제를 풀이하는 데에 크게 기여할 몇몇 툴을 제공한다.

그림 2-1 프레임워크의 7단계를 요약한 치트 시트

프레임워크 치트 시트

1 **왜**
당신의 목표를 이해하라

> 이 프로덕트나 기능은 왜 중요할까?
> 우리는 어떤 문제를 해결하려는 것일까?
> 이 문제는 세상에 어떤 영향을 미치는가?
> 이 프로덕트가 제공하는 고객 편익(Customer Benefit)[5]은 무엇일까?
> 이 프로덕트로 어떤 비즈니스 기회를 만들 수 있을까?

기존 프로덕트라면 다음 질문을 추가하라.
> 이 프로덕트가 회사의 미션을 어떻게 확장시킬까?

2 **누가**
오디언스를 정의하라

> 이 프로덕트를 사용하려는 동기부여가 현저히 다른 고객 유형은 누구일까? 그중 하나를 선택하라.
> > 이 오디언스 내부에서 니즈가 각기 다른 집단은 누구일까?
> 연령, 성별, 지역, 직업, 이동성 등

---

5 역주 고객이 제품이나 서비스를 구입하여 얻고자 하는 핵심적인 가치를 말한다.

3 언제 그리고 어디서

고객의 컨텍스트와 니즈를 이해하라

컨텍스트와 조건들을 (언제 그리고 어디서) 목록화하라.

> 고객이 위치하는 물리적 공간은 어디일까?
> 이 니즈를 촉발시키는 트리거 이벤트(Trigger Event)가 있을까?
> 고객의 가용한 시간은 얼마나 될까?
> 고객은 특정한 디지털 앱이나 플랫폼을 사용할까?
> 고객은 어떤 감정을 경험할까?

고객의 니즈를 목록화하라.

> 고객이 이 니즈를 해결하고 싶은 우선적인 동기부여는 무엇일까?
> 고객은 이 니즈를 어떻게 달성할 수 있었을까?

4 무엇을

아이디어를 목록화하라(A, B, C, …)

> 회사는 고객 니즈를 충족시키기 위해 무엇을 만들 수 있을까?
> > 프로덕트 유형: 물리적/디지털
> > 스마트워치, 스마트폰, 태블릿, 데스크톱, 노트북, 텔레비전, VR(가상 현실) 헤드셋 등
> > 인터페이스 유형 – 그래픽, 오디오/음성, VR, AR(증강 현실) 등

5 아이디어의 우선 순위를 정하고 하나를 선택하라

> 임팩트와 노력을 두 축으로 하는 매트릭스에 아이디어들을 표시하라.

구현 노력 vs 도달 범위(reach), 고객 가치(Customer Value), 잠재 수익

6 솔루션을 만들어라

> 스토리보드를 작성하라.

당신의 프로덕트가 어떤 인터랙션을 지원할 필요가 있는지 이해하기 위해 고객 여정 지도(Customer Journey Map)[6]를 그려라.

> 태스크들을 정의하라.

고객이 당신의 프로덕트를 성공적으로 사용하기 위해 사전에 완벽히 끝낼 필요가 있는 일련의 태스크를 목록화하라.

> 간략하게 스케치하라.

당신이 디자인하려는 프로덕트와 관련된 잠재적인 네 가지 인터페이스를 스케치하라. 스케치 하나당 1분이면 충분하다.

7 어떻게
성공을 측정하라

> 솔루션의 성공 여부를 어떻게 알 수 있을까?

태스크 성공률(Task Success Rate), 태스크 완수 시간, 참여, 리텐션, 수익, 전환, 유저 획득(User Acquisition, UA), 순수 고객 추천 지수(Net Promoter Score, NPS)

---

6 [역주] 고객이 브랜드를 인지하는 것에서 출발해 구매에 도달하는 경로를 시각화한 자료를 말한다.

2.3

1단계: 당신의 목표를 이해하라(왜)

나는 웹 디자인 및 개발 전문가이자 디자인 컨설턴트인 에리카 홀(Erika Hall)의 디자인 정의를 좋아한다. "디자인은 현존하는 것과 당신이 목표로 하는 것 사이의 간극이다."[7] 당신은 주어진 과제에 대한 솔루션을 찾아 프레젠테이션해야 한다. 이러한 여정을 시작하는 좋은 방법은, 당신의 목표가 무엇이고 이 목표가 비즈니스에 어떤 도움을 줄지 명확히 정의하는 것이다.

---

7 에리카 홀이 2015년 10월 26일 동영상 공유 웹사이트 비메오(Vimeo)에 업로드한 "왜?"라고 묻기(Asking "why?"), https://vimeo.com/143660646

새로운 프로덕트를 구축하다 —————

라이브 화이트보드 실기 테스트를 풀이하든, 이메일로 전송할 키노트(keynote)를 준비하든 프레젠테이션을 시작하는 비법이 있다. 아래의 질문에 답을 찾으면 된다.

- 이 프로덕트나 기능은 왜 중요할까?
- 우리는 어떤 문제를 해결하려는 것일까?
- 이 문제는 세상에 어떤 영향을 미치는가?
- 이 프로덕트나 기능이 제공하는 고객 편익은 무엇일까?
- 이 프로덕트나 기능이 어떤 비즈니스 기회를 생성시킬까?

우리가 위워크에서 사용했던 실기 문제 중 하나는, 뉴욕시 교통카드인 메트로카드의 경험을 리디자인하는 것이었다. 이러한 과제의 프레젠테이션을 시작하는 모범 답안이 있다.

뉴욕시 메트로카드 시스템은 처음 도입된 수십 년 전과 하나도 변하지 않았습니다. 메트로카드를 리디자인하는 것은 서구 최대 도시 중 하나에서 교통 인프라를 개선할 기회입니다. 교통 인프라가 개선되면 환경 오염이 감소하고, 더 양질의 교육과 고용에 대한 여러 접근 기회가 만들어지며, 수백만 시민의 건강이 증진될 수 있습니다. 그뿐만 아니라 도시 경제 전체의 막대한 비용이 절약되는 잠재적 효과도 기대됩니다.

만약 시간적 여유가 있다고 생각한다면 현재 상황을 설명해도 좋다. 다시 말해, 현재 상황이 어떠하고 현재 어떤 문제가 있다고 생각하는지를 분석해보라.

뉴욕시 메트로카드 시스템은 처음 도입된 수십 년 전과 비교하면 하나도 변하지 않았습니다. 이제까지 뉴욕시는 메트로카드 시스템에 수백만 달러를 쏟아붓고 있습니다. 무엇보다 메트로카드 장비 인프라를 구축하는 비용이 막대합니다. 설상가상 타인의 교통비를 대신 내줌으로써 그 시스템을 쉽게 악용할 수 있는 부작용까지 뉴욕시의 부담에 한몫하고 있습니다. 시민들도 메트로카드를 구입하러 줄 서느라 시간을 낭비하고 있습니다. 또한 비위생적인 카드 판매기를 사용할 수밖에 없고, 높은 분실 위험성을 걱정하는 것이 현실입니다. 사정이 이렇다 보니 시민들은 다른 교통수단을 선호할지도 모르겠습니다.

메트로카드의 리디자인은 최대 규모의 대도시권 중 하나에서 교통을 개선할 기회입니다. 대도시권의 특성상 대중교통수단

이 개선되면 많은 효과가 기대됩니다. 환경 오염이 감소하고 더 양질의 교육과 고용에 대한 여러 접근 기회가 만들어지며, 수백만 시민의 건강이 증진될 수 있습니다. 그뿐만 아니라 도시 경제 전체의 막대한 비용이 절약되는 잠재적 효과도 따라올 수 있습니다.

기존 프로덕트를 개선하다

기존 프로덕트를 개선하는 과제일 때도 비슷한 전술을 사용할 수 있다. **비전에 대해 생각하라. 회사의 '왜', 즉 존재 이유와 당신의 개선 방법이 그 이유를 어떻게 지원할지에 대해 생각하라**는 말이다. 그런 다음 그 비전을 기존 프로덕트가 생성시키는 비즈니스 기회로 전환시켜라.

앞서 소개한 링크드인 실기 테스트 예시를 통해 알아보자. "링크드인은 프리랜서 전용 마켓플레이스를 출시하기로 했다. 그런 마켓플레이스를 통해 전문가를 찾는 플로(flow)를 디자인하시오."프레젠테이션을 시작하는 좋은 방법은 무엇일까?

링크드인의 미션은 전 세계 전문직 종사자들을 연결시켜주고, 이들 전문가를 더욱 생산적이고 성공적으로 만들어주는 것입니다. 오늘날 글로벌 인력은 독립성이 커지는 방향으로 나아가는 추세입니다. 미래에는 프리랜서로 전향하는 전문가가 더욱 증가할 것이며, 이들에게 최우선 순위는 새로운 클라이언트를 찾는 일입니다.

링크드인은 새로운 이 마켓플레이스의 공급자와 수요자, 양쪽 모두에서 다양하고 폭넓은 오디언스를 이미 확보하고 있습니다. 프리랜서와 이들이 제공하는 서비스에 관심이 있는 기업들 말입니다. 링크드인은 프리랜서 마켓플레이스를 통해 기존 오디언스를 활용하고, 고객 가치를 증대시키며, 또 다른 수익원을 창출할 수 있습니다. 요컨대 프리랜서 마켓플레이스로의 진출은 링크드인의 사명을 크게 확장시킬 기회가 될 것입니다.

2.4

2단계: 오디언스를 정의하라(누가)

당신의 비전을 정의한 다음에는 **당신이 만드는 프로덕트를 누가 사용할지 이해**해야 한다.

실리콘밸리의 유명한 엑셀러레이터(accelerator)[8]인 와이콤비네이터(Ycombinator)의 창업자 폴 그레이엄(Paul Graham)은 스타트업이 실패하는 주된 이유 그리고 그 연장선상에서 프로덕트가 실패하는 이유를 이렇게 진단한다. "어찌 보면 단 하나의 실수가 스타트업을 죽인다. 사용자가 원하는 것을 만들지 않는 것이다. 사용자가 원하는 것을 만드는 스타트업은, 무슨 일을 하든 하지

---

8 **역주** 성장 가능성이 높은 초기 스타트업을 발굴해 초기 자금을 지원하고 멘토링 등을 통해 성장 궤도에 빨리 오를 수 있도록 지원하는 회사를 말한다.

않든 살아남을 수 있다. 반대로 사용자가 원하는 것을 만들지 못한다면, 무슨 일을 하든 하지 않든 이미 죽은 회사다."[9] 타깃 오디언스를 진정으로 이해하지 못할 때의 위험은 명백하다. 사용자가 원하지 않는 무언가를 만들 위험을 무릅쓰는 것이다. 바로 이 점 때문에 이 단계가 중요하다.

오디언스를 선택하라

당신의 프로덕트를 사용할 다양한 핵심 오디언스 유형을 이해하기 위해서는 자신에게 질문해봐야 한다. **이 프로덕트를 사용하려는 동기부여가 현저히 다른 고객 집단들은 누구일까?** 가령 스포티파이에게는 리스너, 아티스트, 기업인 등이 이러한 고객 집단일 것이다. 반면, 의사를 위한 마켓플레이스라면 의사와 환자가 핵심적인 두 오디언스라고 볼 수 있다.

실기 테스트는 제한적인 시간 안에 풀어야 하므로 당신은 당신의 솔루션을 보여주고 싶은 사람의 관점에서 하나의 핵심 오디언스에 초점을 맞춰야 한다. 두 개의 최대 오디언스 중 하나를

---

9 "스타트업을 죽이는 18가지 실수(The 18 Mistakes That Kill Startups)", 폴 그레이엄 (Paul Graham), http://paulgraham.com/startupmistakes.html

선택하라. 그러면 이 오디언스를 만족시켜 줄 방법에 관한 아이디어를 생각해낼 가능성이 크다. 예를 들어 솔루션을 제공하고 싶은 상대방이 스포티파이라면 리스너 혹은 아티스트, 의사 전용 마켓플레이스라면 환자를 선택할 가능성이 크다.

하나의 오디언스를 선택할 때 꼭 염두에 둘 것이 있다. 가끔은 특정 프로덕트의 오디언스 또는 최종 사용자와, 프로덕트를 제공받을 고객이 일치하지 않는다. B2B2C(Business to Business to Customer)(기업-기업-소비자 간 거래) 솔루션 대부분이 여기에 해당한다. 예컨대 의료기관의 온라인 예약 접수 시스템을 구축한다면 이 프로덕트의 사용자는 환자와 의료기관 종사자(의사, 간호사, 접수원)일 것이다. 하지만 이 프로덕트를 구매할 고객은 의료기관이다. 물론 이런 관계가 솔루션 자체에 영향을 미칠 가능성은 거의 없다. 하지만 솔루션을 프레젠테이션할 때 기억하고 언급할 가치가 있는 요소임은 분명하다.

오디언스를 설명하라

우선적인 오디언스를 선택하고 나면 우리가 만드는 프로덕트의 사용자를 더 정확히 이해할 필요가 있다. 어떻게 해야 할까?

"우리 오디언스의 특징이 무엇일까?"라고 스스로에게 물어라. 오디언스의 특징을 결정할 때 사용할 수 있는 몇 가지 분류 기준이 있다.

- 연령(스냅챗(Snapchat)의 타깃 오디언스가 50세 이상 성인이라면 스냅챗을 어떤 식으로 다르게 디자인할 수 있을지 생각해보라.)

- 성별(핀터레스트의 사용자 중 81%는 여성이다. 새로운 기능을 만들 때 과연 이 사실을 무시할 수 있을까?)

- 장소(스포티파이는 사람들이 가정에서 사용할 때는 애플 TV에서 스트리밍하고, 직장에서는 헤드폰으로 청취할 가능성이 더 높다.)

- 직업(부동산 중개인은 소프트웨어 엔지니어보다 컴퓨터로 작업하는 시간이 더 적었지만, 휴대전화를 사용하는 시간은 더 많다.)

- 이동성(교통수단 유형, 이동 습관, 선호하는 이동 수단 – 아마존의 오디오북 플랫폼 오더블(Audible) 모바일 앱은 자동차로 이동할 때 주로 사용되므로 적응형 인터페이스가 탑재된 자동차 주행 모드를 제공한다.)

새로운 프로덕트/기능을 만들라는 과제를 받았다면 이 오디언스의 구성원들은 어떤 니즈가 있을지 다각도로 생각해보라. 그다음 이러한 니즈별로 오디언스를 세분해서 여러 하위 집단으로 목록화하면 도움이 된다. 이렇게 하면 다음 단계들에서 각 사용자 집단에 맞춤화된 솔루션을 찾기가 수월해질 수 있다.

예컨대 실기 테스트가 '스포티파이의 모바일 경험 개선'이라 하자. 첫 번째 단계는 여러 핵심 오디언스, 즉 리스너, 아티스트, 기업인 등을 확인할 것이다. 그다음 리스너에 초점을 맞추기로 선택한다. 스포티파이는 이미 리스너를 상당한 수준까지 세분화했고 달리기 애호가, 클럽 음악 애호가, 팟캐스트 청취자 등 집단별로 맞춤 기능을 제공한다. 이에 당신은 연령 같은 다른 분류 기준에 따라 다양한 하위 리스너 집단으로 세분화함으로써, 흥미롭고 새로운 기능을 위한 아이디어를 생각해내도 좋다. 연령을 기준으로는 이렇게 분류할 수도 있다.

- **어린이** 부모가, 심지어 교사가 어린이용 청각 교육 자료로 스포티파이를 사용할 수 있게 해주는 기능

- **밀레니얼 세대(millennials)** 밀레니얼 세대의 특징은 음악을 많이 듣고 친구들과 어울리는 시간도 많다는 점이다.[10] 나는 한 걸음 더 나아가 밀레니얼 세대는 이 두 가지 활동을 함께 할 수 있다고 가정한다. 스포티파이를 사용해 친구들과 함께 음악을 공유하고 백그라운드에서 스트리밍할 노래를 마음대로 추가할 수 있는 플레이 큐

---

10 "밀레니얼 세대는 여가 시간에 무엇을 하고 싶을까?(What Do Millennials Like To Do With Their Free Time?)", https://www.marketingcharts.com/television-29750

(Play Queue)를 구축하자고 제안할 수도 있다.

- **베이비붐 세대** 교외 지역에 거주하고 시내로 자동차 통근을 할 가능성이 높다. 당신은 자동차 통근에 맞춤화된 팟캐스트 또는 오디오북 경험을 만들자고 제안할 수도 있다.

2.5

3단계: 고객의 컨텍스트와 니즈를 이해하라 (언제 그리고 어디서)

오디언스를 정의하고 나면 **이 오디언스가 이 문제를 언제 그리고 어디서 경험하는지 이해하고 더 나아가 이 문제를 어떻게 해결할지** 방법을 알아낼 차례다. 이런 정보는 이후 단계들에서 어떤 종류의 프로덕트와 기능을 만들어야 하는지 알아내는 데에 도움이 된다.

컨텍스트와 조건들을 목록화하라(언제 그리고 어디서) ───

가장 먼저 할 일은 2단계에서 정의한 오디언스가 1단계에서 확인한 문제를 경험하는 환경에 대해 생각하는 것이다. 당신의 사용자를 둘러싼 컨텍스트를 탐구할 때 유익한 몇 가지 질문이 있다.

- 사용자가 위치하는 물리적인 공간은 어디일까?

- 이 니즈를 촉발시키는 트리거 이벤트가 있을까?

- 사용자의 가용한 시간은 얼마나 될까?

- 사용자는 특정한 디지털 앱이나 플랫폼을 사용할까?

- 사용자는 어떤 감정을 경험할까?

예를 들어 실기 테스트가 "자전거 이용을 지원하기 위해 웨이즈 (Waze)[11]를 리디자인하시오."라고 하자. 이 기능은 자전거로 이동 중에 사용될 예정이고, 자전거 운전자의 니즈는 두 가지다. 자전거를 타는 동안 스마트폰 화면을 가능한 한 적게 보는 것과, 야간이나 궂은 날씨처럼 때로는 악조건에서 웨이즈 앱을 이용하는 것이다. 솔루션을 고안하는 이후 단계들에서 당신은 이러한 니즈를 고려할 것이다. 그러면 어떤 솔루션을 생각해볼 수 있을까? 핸즈프리 내비게이션 혹은 야간용 다크 모드 인터페이스 등을 지원하는 솔루션이 유망할지도 모르겠다.

---

11 **역주** 이스라엘의 스타트업 기업 웨이즈 모바일이 만든 사용자 참여형 내비게이션 앱이다.

오디언스의 니즈를 목록화하라

이제는 프로덕트가 충족시켜줄 필요가 있는 니즈를 구체화시켜야 하고, 이를 위해서는 반드시 답을 찾아야 하는 질문이 하나 있다. "우리가 솔루션을 제시하려는 이 문제를 해결하고 싶은 고객의 강력한 동기부여는 무엇일까?" 예를 들어 실기 과제가 '프리랜서 비즈니스 관리 프로덕트 디자인'이라면 고객의 핵심적인 동기부여는 '자신의 비즈니스를 스스로 통제하는 것'일 가능성이 크다.

가끔은 오디언스의 니즈 목록만으로도 이러한 니즈를 충족시킬 수 있는 프로덕트에 관한 아이디어를 얻기에 충분할 것으로 생각된다. 그럼에도 십중팔구는 좀 더 깊이 파고들어야 할 것이다. 앞서 정의한 핵심적인 동기부여를 살펴보고 **"고객은 이 니즈를 어떻게 충족시킬 수 있을까?"** 라는 질문을 스스로에게 해보라.

프리랜서 사례를 예로 들어보자. 프리랜서가 자신의 비즈니스를 통제하기 위해서는 아래의 세 가지를 알아야 한다.

a. 내 비즈니스가 수익을 창출하는가?

b. 작업 계획을 어떻게 세워야 할까?

c. 내 비즈니스를 성장시키기 위해 나는 무엇을 할 수 있을까?

유저 스토리 기법

유저 스토리(User Story)는 상대적으로 많은 시간이 소요되는 방법이고, 따라서 나는 재택 실기 테스트 또는 연습할 때 사용하기를 추천하고 싶다. 특히 사용자의 컨텍스트와 니즈 그리고 그둘의 상관 관계를 탐구할 때 요긴하게 쓰이는 이것은 프로덕트디자인 커리어에 관심 있는 사람이라면 이미 익숙할 것이라고본다. 애자일(Agile) 소프트웨어 개발 프로세스에서 사용되기 때문이다. 유저 스토리를 만들고 싶다면 오디언스에 대한 정보를사용해 아래의 템플릿을 자연 언어로 채워보라.

  *〈**역할**〉하는 사람으로서 나는 〈**편익**〉을 위해 〈**목표/갈망**〉을 하고싶다.*

목표/갈망은 사용자가 당신의 프로덕트를 사용해 성취하고 싶은것이고, **편익**은 사용자가 이 목표를 달성하고 싶어하는 이유, 다른 말로 프로덕트를 사용하고 싶은 진정한 동기부여다. 이러한정의를 앞서 소개했던 웨이즈 과제에 적용시켜보면 아래의 예시 같은 몇 가지 유저 스토리를 만들어 볼 수 있다.

- 자전거 운전자로서 나는 안전을 위해 도로에서 시선을 떼지 않고 내비게이션을 사용하고 싶다.

- 자전거 운전자로서 나는 우천 시나 장갑을 착용할 때는 더 빨리 더 안전하게 목적지에 도착할 수 있도록 터치 인터페이스 사용을 가급적 줄이고 싶다.

- 자전거 운전자로서 나는 목적지에 도착한 뒤에 도난 피해를 보지 않도록 외부에 자전거를 주차해도 안전한지 알고 싶다.

- 자전거 운전자로서 나는 제시간에 목적지에 도착할 수 있도록 타이어가 파손되면 무엇을 어떻게 해야 하는지 알고 싶다.

문제 확인

아이디어를 생각해내는 또 다른 기법은, 현재 상황을 기준으로 고객 여정 지도를 작성하고 훗날 기회로 전환될 가능성이 있는 문제를 전부 확인하는 것이다. 예를 들어 사람들이 ATM을 어떻게 사용하는지에 관한 여정 지도를 작성한다면 최적화되지 못한 다양한 사용자 경험을 쉽게 생각해낼 수 있다. 예시로 대기 줄 가능성, 카드를 지참하고 핀(Personal Identification Number, PIN)(개인 식별 번호) 코드를 기억해야 하는 필요성, 비위생적인 ATM 단말기에 접촉하는 것, 카드 사기에 노출될 위험 등이 있다. 이러한 모든 마찰적 경험은 다음 단계들에서 프로덕트나 기능에 대한 아이디어의 원천이 될 수도 있다.

2.6

4단계: 아이디어를 목록화하라(무엇을)

이제는 3단계에서 확인한 **고객의 니즈를 충족시키기 위해 회사가 무 엇을 만들 수 있는지** 탐구할 차례다. 3~4개의 잠재적인 프로덕트 를 생각해내라. 아래의 속성을 활용하면 다양한 아이디어를 얻 을 수 있다.

- **프로덕트 종류** – 디지털 프로덕트여야 할까 아니면 물리적인 제품이 어야 할까? 또는 기술을 추가해 물리적인 제품을 '스마트'하게 만드 는 솔루션일 수도 있다. 이것은 산업(industrial) 디자인 영역에 속하 겠지만 프로덕트 디자이너인 당신이 이런 솔루션까지 설명할 수 있 다면 가산점을 얻을 것이 확실하다.

- **플랫폼** – 스마트워치, 스마트폰, 태블릿, 데스크톱, 노트북, 텔레비전, VR 헤드셋 등

- **인터페이스 종류** – 그래픽, 오디오/음성, VR, AR 등

웨이즈가 자전거 이용자의 니즈를 충족시킬 수 있는 솔루션으로 무엇이 가장 먼저 떠오르는가? 모바일 앱에 새로운 모드를 추가하는 방법이 가장 확실해 보일지도 모르겠다. 하지만 다양한 속성을 탐구해보면 자전거 이용자의 니즈를 충족시킬 만한 잠재적 프로덕트에 관한 아이디어가 풍성해질 수 있다. 예시로 디지털 프로덕트 또는 물리적 제품, 모바일 앱 또는 스마트워치 앱, 그래픽 인터페이스 또는 음성 인터페이스 등이 있다. 웨이즈 실기 테스트에 관한 아이디어 목록은 이런 식으로 정리해서 프레젠테이션해도 좋다.

웨이즈가 자전거 전용 도로에 관한 데이터를 가지고 있다면 몇 가지 유망한 솔루션을 생각해볼 수 있습니다.

- 자전거 핸들바에 장착해서 운전자에게 다음 회전 방향과 방향 전환 지점까지의 거리를 알려주는 **물리적인 제품을 만들 수 있습니다.** 이 제품은 블루투스로 사용자의 스마트폰과 연결되고, 기기에 장착된 일련의 *LED* 표시등을 통해 경로를 안내합니다.

- 자전거 내비게이션 옵션을 포함시키기 위해 **현재의 스마트폰 앱 디자인을 조정할 수 있습니다.** 그리고 사용자는 크게 두

가지 방식으로 경로 안내를 받게 됩니다. 첫째는 스마트폰을 보지 않고 스피커나 헤드폰으로, 즉 음성으로 경로 안내를 받는 것입니다. 또는 스마트폰을 핸들바에 올려두는 것처럼 눈에 보이는 곳에 두면서 시각적으로 경로 안내를 받아도 됩니다.

- 햅틱 기술(Haptic Technology)을 활용하고 손목으로 전달되는 촉각 피드백을 통해 사용자와 연결되는 **스마트워치 앱을 빌드할 수 있습니다.**

솔루션이 잘 떠오르지 않는다면 아래의 템플릿에 입각해 프로덕트 아이디어를 생각하는 것도 좋은 출발점이다.

*〈누가/2단계〉〈언제 그리고 어디서/3단계〉〈왜/1단계〉하기 위한 X*를 만들어라.

예시를 들어보자. "외상 후 스트레스 장애 환자가 비용 때문에 치료를 회피하는 경우가 있습니다. 이러한 환자의 삶의 질 증진에 도움을 주고 우리 비즈니스가 새로운 수익원을 창출할 수 있도록 VR 앱을 구축할 수 있습니다."

2.7

5단계: 아이디어의 우선 순위를 정하고 하나를 선택하라

문제를 해결할 잠재적인 솔루션 아이디어에 대한 탐구가 끝났다면 이제는 **당신이 가장 적절하다고 생각하는 아이디어를 선택**해야 한다. 그렇다면 어떤 아이디어를 선택해야 하는지 어떻게 알 수 있을까?

앞서 소개했던 여러 예시에서 알 수 있듯이 완벽한 하나의 솔루션은 존재하지 않는다. 솔루션마다 나름의 장점과 단점이 있기 마련이다. 이 단계에서 해야 하는 일은 모든 솔루션을 평가하는 것이다. 각 아이디어를 평가할 때 유용한 네 가지 고려 사항이 있다.

- **도달 범위** – 이 프로덕트는 얼마나 많은 고객에게 도달할 수 있을까?

- **고객 가치** – 고객은 이 솔루션에 얼마나 만족할까?

- **잠재 수익** – 이 솔루션은 회사의 비즈니스 목표 달성에 얼마나 기여할까?

- **구현 노력** – 회사가 이 솔루션을 만들기 얼마나 어려울까?

여러 아이디어를 평가해서 하나를 선택하는 일을 좀 더 수월하게 만들어주는 비결이 있다. 노력과 임팩트 매트릭스를 활용하면 된다. 각 솔루션을 임팩트(도달 범위와 가치 그리고 수익을 합친 것)와 노력을 두 축으로 하는 그래프 상에 위치시켜라.

그림 2-2 아이디어의 우선 순위를 정하기 위한 임팩트/노력 매트릭스

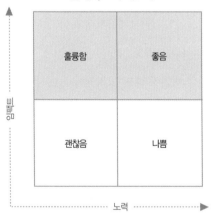

실제 업무라면 즉각적인 성공을 보장하는 '훌륭함' 사분면에 위치할 수 있는 솔루션을 만들고 싶은 것이야 인지상정이다. 하지

만 디자인 실기 테스트에서는 주의해야 한다. 당신의 디자인 능력을 증명할 수 있을 만큼 충분히 정교한 아이디어만 '훌륭함' 사분면에 포함시켜야 한다. 그렇지 않을 바에는 차라리 '좋음' 영역을 목표로 삼는 편이 낫다.

솔루션 아이디어들을 프레젠테이션할 때는 각 솔루션마다 임팩트와 노력의 수준이 높거나 낮다고 생각하는 이유를 설명하라. 특히 당신이 최종 솔루션으로 낙점한 아이디어는 반드시 그래야 한다. 스마트워치 앱을 예로 들면 이 앱은 최상의 경험을 제공할 가능성은 높은 반면, 스마트워치를 소유하는 사람이 소수일 공산이 크다. 따라서 스마트워치 앱이 사용자의 니즈를 성공적으로 충족시킬지는 몰라도, 매우 제한적인 도달 범위는 임팩트가 낮다는 것과 동의어라고 봐도 무방하다. 또는 물리적인 제품이 최상의 솔루션처럼 여겨질 때도 고려해야 하는 것이 있다. 회사는 지금껏 물리적인 제품을 한 번도 만들어본 적이 없고, 이는 회사가 외부 조직과 협업하거나 산업 디자이너를 채용할 필요가 있을 것이라는 뜻이다. 이런 상황에서는 막대한 노력이 요구되는데, 그 물리적인 제품은 그만큼의 노력을 기울일 가치가 없을 수도 있다.

2.8

6단계: 솔루션을 만들어라

이쯤 되면 이미 많은 작업을 했는데 실질적인 솔루션을 만드는 일은 시작도 하지 않았다는 생각이 들지 모르겠다. 그러나 두고 보면 알겠지만 이러한 프로세스를 따를 때의 장점은 확실하다. 최종 프로덕트를 생각해내기 더 쉬워지며 확신할 수 있는 더 나은 솔루션으로 이어질 수 있다.

앞서 말했듯이 이 단계는 당락에 지대한 영향을 미치므로 실패가 결코 용납되지 않는다. 제대로 된 솔루션을 만들어내지 못하면 채용 가능성이 크게 떨어질 것은 자명하다. 따라서 이 단계에서는 당신의 UI/UX 기술을 반드시 증명해야 한다.

온사이트 실기 테스트의 경우 이 단계에서는 어떤 산출물을 필요로 할까?

- 와이어프레임 플로

- 사용자 여정

- 아이디어 목록

- 어떤 형태든 일련의 스케치

반면, 재택 과제의 최종 산출물은 하이 피델리티 디자인일 가능성이 크다. 미리 걱정하지 마라. 이 단계에서 설명한 모든 기법을 활용하면 하이 피델리티 솔루션의 토대를 구축할 수도 있다.

시간이 제한적이라는 점에서 당신은 선택과 집중 전략을 써야 한다. 즉, 솔루션에서 주요한 플로 한두 개에만 집중하라. 예컨대 교통카드 시스템을 리디자인한다면 주요 플로 두 개에 집중하는 것이 좋은 전략이라고 본다. 하나는 일회성 이용자(타지 방문자)고, 다른 하나는 반복 고객(매일 통근하는 직장인)이다.

프로덕트의 디자인을 시작하는 데에 유용한 세 가지 기법이 있다. 스토리보드 작성, 일련의 태스크 정의, 간략한 스케치 등이다.

스토리보드 작성

스토리보드를 만들 때는 **당신의 프로덕트가 지원할 필요가 있는 인터랙션을 전부 이해하기 위해 고객 여정 지도**를 그려야 한다. 이러한 인터랙션을 탐구한다면 인터페이스에 관한 아이디어를 얻을 수 있다.

스토리보드를 만드는 첫 걸음은, 고객이 당신의 프로덕트를 성공적으로 사용하기 위해 거쳐야 하는 단계를 순서대로 지도화하는 것이다. 특히 고객의 컨텍스트를 고려하고 스토리 형태로 각 단계를 스케치하라. 그림 2-3의 예시는 우버 차량을 호출하는 경험을 단계별로 설명하는 스토리보드다.

고객이 프로덕트와 인터랙션을 시작하기 직전과 인터랙션이 종료한 직후의 단계도 염두에 두어라. 잘하면 이 두 단계에도 프로덕트가 가치를 부여할 기회가 보일 수 있다. 웨이즈의 실기 테스트를 예로 들어보자. 일반적으로 볼 때 자전거 운전자가 목적지에 도착하면 웨이즈 앱과 운전자 사이의 인터랙션은 종결된다. 하지만 이제 고객은 새로운 결정의 순간에 직면한다. 자전거를 외부에 주차해도 안전할지 결정해야 한다. 웨이즈는 이에 대한 솔루션을 제공할 수도 있다. 다양한 지역에서 자전거 도난에 관한 데이터를 수집하고, 이 데이터를 토대로 자전거 외부 주차의 안전 여부를 권고하는 것이다.

그림 2-3 우버 차량 호출 경험에 대한 예시 스토리보드

우버 차량 호출 스토리보드

차량을 요청한다

우버가 배차할 차량을 찾는 동안 기다린다

도착 예정 시간(ETA)을 확인한다

앱을 닫는다

운전자가 도착 사실을 알려준다

승차 위치에서 차량을 찾는다

운전자와 고객이 서로 확인한다

이동한다

하차한다

태스크 정의

이것은 가장 신속하고 간단하며 가장 효율적으로 인터페이스 디자인을 시작하는 방법이라고 본다. 스토리보드 작성과 비슷하지만 뚜렷한 차이가 있다. 스토리보드는 선형적이고 하나의 플로만을 다루는 반면, 태스크를 정의하면 다양한 플로에 대해 생각할 가능성이 열린다.

고객이 당신의 프로덕트를 성공적으로 사용하기 위해 완수할 필요가 있는 일련의 태스크를 목록화하라. 가령 웨이즈의 자전거 운전자 사례에서는 아래의 태스크가 포함될 수 있다.

- 목적지를 입력한다.
- 목적지를 변경한다.
- 경로를 취소한다.
- 경로를 이탈하지 않도록 다음번에 해야 하는 행동을 미리 숙지한다.
- 올바른 경로를 유지하고 있는지 확인한다.
- 목적지에 도착했음을 인지한다.

보면 알겠지만 이것은 프로덕트 플로를 설명하는 신속하고 간편한 방법이다. 따라서 시간이 제한적인 화이트보드 테스트에 추천한다.

간략한 스케치

재택 실기 테스트 중 시간이 충분하거나 교착 상태에 빠졌다고 생각할 때 시도해볼 만한 좋은 방법이 있다. 종이 한 장을 가로와 세로로 접어 사등분하고, 당신이 디자인하려는 프로덕트의 잠재적인 인터페이스를 간략히 스케치하라. 스케치 하나당 1분을 넘기지 말고, 각 칸에 솔루션을 하나씩 스케치하라. 스케치는 완벽하지 않아도 상관없지만, 가능한 한 서로 차별화되어야 한다. 아이디어가 많다면 종이 뒷면에 이어서 스케치하라.

스케치를 그리는 목적은 당신의 정신을 자극하고 활성화시켜 두 가지를 얻기 위함이다. 가장 확실한 최우선적인 아이디어만이 아니라 가급적 많은 솔루션을 생각해내는 동시에, 그중 하나를 선택하거나 둘 이상을 결합시킬 수 있도록 다양한 아이디어를 떠올리는 것이다.

2.9

7단계: 성공을 측정하라(어떻게)

솔루션의 성공을 측정할 수 있는 방법을 알지 못하면 솔루션은 거의 무용지물이다. 이제는 프로세스를 종결하고 최종 솔루션의 유효성을 검증할 수 있는 방법을 정의해보자. 이를 위해서는 스스로에게 물어야 한다. **성공적인 솔루션인지 어떻게 알 수 있을까?**

일반적으로 볼 때 성공을 측정하는 것은 측정하고 싶은 일련의 항목(핵심 성과 지표들)과 성공으로 판단할 수 있는 수치를 결정하는 것을 포함한다. 하지만 디자인 실기 테스트에서는 측정 항목, 즉 지표들만 제시하면 된다.

디자인의 성공 여부를 측정하기 위해 사용할 수 있는 대표적인 지표는 다음과 같다.

- 태스크 성공률 – 사용자가 올바르고 성공적으로 완수한 태스크의 비율

- 태스크 완수 시간 – 사용자가 그 태스크를 완수하는 데에 걸리는 시간

- 참여 – 사용자가 바람직한 방식으로 그 프로덕트를 사용하는 빈도

- 리텐션 – 사용자가 바람직한 행동을 취하는 빈도

- 수익 – 프로덕트가 수익을 창출하는 방식과 수익 규모

- 전환 – 자신에게 기대되는 행동을 취하는 사용자 비율

- 유저 획득 – 고객이 회사의 제품이나 서비스를 구매하도록 설득하기

- 순수 고객 추천 지수 – 회사의 프로덕트를 타인에게 기꺼이 추천하려는 의지로 측정되는 고객 만족

당신이 풀어야 하는 실기 테스트가 일일 진료 환자 수를 증가시킬 수 있는 '일차의료 의사 전용 앱 대시보드 디자인'이라 하자. 이럴 때는 프로덕트 성공을 측정하기 위한 제안을 아래처럼 프레젠테이션할 수 있다.

출시 전에 제가 마지막으로 할 일은, 우리가 이 솔루션의 성공을 측정할 핵심 성과 지표들과 성공으로 판단할 수 있는 수치를 정의하는 것입니다. 이 솔루션이 두 가지를 충족시킨다

면 성공적이라고 판단할 수 있습니다.

- 의사의 환자 1인당 진료 시간 감소

- 환자의 순수 고객 추천 지수 유지 또는 증가(환자 1인당 진료 시간 감소가 진료 서비스의 질에 악영향을 주지 않아야 한다)

실제 프로덕트의 경우, 이런 측면에 대한 최종 판단은 프로덕트 매니저나 데이터 애널리스트의 몫일 것이다. 하지만 프로덕트 디자이너로서 당신은 이런 요소가 디자인에서 얼마나 중요한지 반드시 인지하고 인터뷰어에게 이것을 명확히 보여주어야 한다. 그런데 당신이 측정해야 하는 구체적인 핵심 성과 지표들에 대한 확신이 없다면 어떻게 해야 할까? 이런 식으로 말하면 된다.

이 프로덕트를 출시하기 위한 최종 단계로서 저는, 우리가 측정해야 하는 핵심 성과 지표들이 무엇이고 성공으로 간주할 수 있는 척도가 무엇인지 프로덕트 매니저와 협력하며 알아낼 생각입니다.

2.10
솔루션을 검증하다

시간적 여유가 있다면 가산점을 챙길 수 있는 기회가 있다. 당신이 솔루션을 검증하기 위해 수행하고 싶은 실험 또는 최소 기능 제품(Minimum Viable Product, MVP)을 제안하면 된다. 현실에서는 이 프로덕트의 높은 포텐셜을 검증하기도 전에 회사가 개발에 몇 달을 투자하는 일은 없을 것이다. 하지만 아이데이션(ideation) 단계에서 솔루션 검증을 염두에 두는 것은 더 나은 프로덕트를 만드는 좋은 방법이다. 아울러 이러한 제안으로 인터뷰어에게 당신의 빈틈없는 일처리 능력을 보여줌으로써 당신이 더욱 사려 깊은 디자이너라는 인상을 줄 수도 있다.

2.11

각 단계에 얼마의 시간을 들여야 할까

각 단계마다 해야 하는 일이 많은 것처럼 보일지도 모르겠다. 그러나 어느 정도 연습으로 익숙해지면 알게 되겠지만 대부분의 단계는 기껏해야 몇 분이면 충분하다. 가령 1시간짜리 온사이트 실기 테스트는 아래와 같이 시간을 배분하면 크게 무리가 없다.

- 1단계: 당신의 목표 이해(왜) – 3분

- 2단계: 오디언스 정의(누가) – 5분

- 3단계: 고객의 컨텍스트와 니즈 이해(언제 그리고 어디서) – 5분

- 4단계: 아이디어 목록화(무엇을) – 5분

- 5단계: 아이디어의 우선 순위 결정과 최종 아이디어 선택 – 3분

- 6단계: 솔루션 도출 – 30분

- 7단계: 측정(어떻게) – 3분

- 검토와 프레젠테이션 준비 – 5분

총 소요 시간: 59분

실기 테스트 문제 자체가 일부 단계의 답을 포함하고 있는 경우도 있다. 이럴 때는 절약된 시간을 솔루션 단계에 사용하라. 솔루션 단계는 최소한 전체 시간의 50%를 투입해야 한다는 사실을 유념하라.

2.12

솔루션을 어떻게 프레젠테이션할까

화이트보드와 온사이트 실기 테스트

두 테스트의 주요 목표는 디자이너의 사고력을 평가하는 것이다. 따라서 프레젠테이션에는 디자이너가 솔루션에 이르기까지 거친 사고 과정을 모두 포함시켜야 한다. 이는 다시 말해, 솔루션을 프레젠테이션할 때 위에서 설명한 프레임워크의 모든 단계를 언급해야 한다는 뜻이다.

화이트보드 세션에서는 더러 생각과 문제 풀이를 동시에 수행하기 어려울 수도 있다. 이런 상황에 처했는데 설상가상 하나의 단계에서 교착 상태에 빠진 기분이 든다면 어떤 접근법을 따라야 할까? 그 단계를 설명하라. 예컨대 오디언스의 컨텍스트를 이해하기 어렵다면 큰 소리로 말하는 것도 좋은 접근법이다. "저는 우리 사용자의 컨텍스트에 대해 생각해보려 합니다. 우리 오디언스는 언제 그리고 어디서 이 문제를 경험할 가능성이 있을까요? 사용자는 어떤 기분을 느낄까요? 사용자의 가용한 시간은 얼마일까요?"

그렇다면 이 접근법을 취할 때 어떤 결과가 나타날까? 잠재적인 세 가지 시나리오가 있다.

- 이런 질문의 답변에 대해 스스로 생각하는 촉매제가 된다.

- 인터뷰어가 대답을 알려준다. 이런다고 무조건 채용 가능성이 떨어지는 것은 아니니 긴장하고 불안할 필요는 없다.

- 위의 두 가지 상황이 발생하지 않는다. 이럴 때는 다음 단계로 나아가는 것을 고려하라.

화이트보드 세션 중에 단계를 잊어버릴까봐 걱정된다면 시도해볼 만한 간단한 방법이 있다. 프레젠테이션을 시작하면서 차차 인터뷰어에게 설명할 일련의 단계를 화이트보드에 기록해보라. 이것을 일종의 표지판으로 삼으면 단계 사이에서 길을 잃지 않을 수 있다.

　우리가 반드시 성공적인 프로덕트를 만들 수 있도록, 가장 먼저 저는 저의 사고 과정이 어떤 단계로 진행되는지 말씀드리고 싶습니다. 우리는 세 가지를 이해해야 합니다. 우리가 이것을 만드는 이유와 우리가 어떤 문제를 해결할 것인지('왜'라고 적어라), 우리가 누구를 위해 이것을 만드는지('누가'라고 적어라), 오디언스의 컨텍스트와 니즈가 무엇인지('언제 그리고 어디서'라고 적어라) 등입니다. 그 다음 저는 우리가 이런 니즈를 충족시키기 위해 무엇을 만들 수 있는지('무엇'이라고 적어라)를 생각할 것입니다. 그리고 솔루션을 찾은 후에('솔루션 도출'이라고 적어라) 저는 그 솔루션의 성공 여부를 어떻게 측정할지 정의하려 합니다('어떻게'라고 적어라).

재택 실기 테스트

당신은 산출물을 이메일로 제출할 가능성이 크다. 따라서 나는 정적인 이미지가 아닌 클리커블(clickable) 프로토타입을 구축하라고 강력히 추천한다. 아울러 최종 솔루션을 뒷받침하는 당신의 모든 결정을 간략히 설명하는 짧은 프레젠테이션도 반드시 준비하라고 당부하는 바다.

이런 프레젠테이션의 플로는 다음 항목을 포함할 수도 있다.

- 실기 테스트 자체

- 문제/비전 정의(왜)

- 타깃 오디언스(누가)

- 컨텍스트와 니즈(언제 그리고 어디서)

- 당신이 디자인하기로 선택한 아이디어(아이디어를 한두 문장으로 정의하기 위해 커뮤니케이션 코치 카민 갤로(Carmine Gallo)가 개발한 메시지 지도(Message Map)[12] 기법을 사용하라)

- 프로토타입으로 이어지는 하이퍼링크

- 프로토타입으로는 설명이 불가능하지만 당신이 강조하고 싶은 시각적 솔루션: 그리드(grid), 디자인/색상표, 접근성, 특정 기능들, 기능성 등

- 성공 측정 지표들(어떻게)

프레젠테이션 추가 팁

프레젠테이션에서 가산점을 얻기 위해 고려해야 하는 몇 가지가 있다.

---

12 "메시지 지도: 무엇이든 15초 만에 설득하는 방법(Message Map: How to Pitch Anything in 15 Seconds)", 2012년 7월 19일 미국의 경제 전문 매체 포브스(Forbes)의 유튜브 채널에 업로드된 영상, https://www.youtube.com/watch?v=phyU2BThK4Q

- **범위** – 재택 실기 테스트의 산출물을 프레젠테이션할 때, 당신의 솔루션이 무엇을 다루고 무엇을 다루지 않는지 설명하라. 시간이 더 주어진다면 무엇을 하고 싶은지도 포함시켜라. 이렇게 하면 당신이 과제를 수행하면서 경험한 제약들을 명확히 이해시킬 수 있다.

- **취약한 부분을 설명하라** – 당신의 솔루션이 가정들에 크게 의존하는 경우, 그 솔루션을 검증하기 위해 별도의 리서치를 실시하거나 데이터를 추출하는 방법을 제안하라.

- **신속하고 간단한 리서치를 해보라** – 재택 실기 테스트 중에 시간이 충분하다면 설문 조사나 유저테스팅닷컴(usertesting.com)을 사용해 당신의 가장 큰 가정에 대한 유저 리서치를 간략히 진행하고 결과를 프레젠테이션하라.

- **경쟁력 분석** – 디자인의 목표는 회사가 비즈니스 목표를 달성하는 데에 기여하는 것이다. 그리고 더러는 기업이 경쟁자들 때문에 비즈니스 목표를 세우기도 한다. 이는 당신의 디자인 또는 프로덕트 솔루션이 직·간접적인 경쟁자들의 프로덕트에 영향을 받을 수 있다는 뜻이다. 이런 경우에는 본인의 솔루션을 경쟁력의 맥락에서 고려해야 한다. 경쟁력을 신속하게 분석하려면 스스로 다음 두 가지 질문을 해봐야 한다.

  ○ 경쟁사들이 비슷한 프로덕트나 기능을 제공하고 있을까? 그렇지 않다면 당신의 솔루션은 차별화 수단이 되고, 회사가 새로운 시장에 진입하거나 새로운 시장을 개척하는 데에 일익을 담당할 수도 있다.

○ 경쟁사들의 솔루션이 얼마나 뛰어난가? 당신의 솔루션이 경쟁 솔루션들보다 더 뛰어나거나 경쟁 솔루션들과의 격차를 최소화시킬 가능성이 있다.

- **생태계** – 빅테크 기업(아마존, 애플, 마이크로소프트, 메타, 구글)에 지원해서 면접을 치른다면 수직적으로 통합된 다양한 부문에서 비즈니스를 운영한다는 점을 유념하라. 솔루션을 만들 때, 이 솔루션이 회사 생태계를 구성하는 다른 부분들과 통합될 수 있는 방법을 제안하라. 예를 들어 애플의 전자책 서비스 아이북스(iBooks)에서 사용할 도서 출판 플로를 디자인한다고 해보자. 당신은 작가가 더 좋은 책을 출판할 수 있도록 도와주기 위해 애플 스토어에서 글쓰기 관련 앱을 구매하라고 제안할 수도 있다. 혹은 작가가 좋은 책을 성공적으로 출판하는 데에 도움이 된다는 구체적인 증거가 있을 때는 그러한 앱을 무료로 제공하는 것까지도 고려하라.

SOLVING

PRODUCT

DESIGN

EXERCISES

3

디자인 실기 테스트
완전 정복: 예제편

지금부터는 2장에서 개략적으로 소개했던 프레임워크를 활용해 실기 테스트를 풀이하는 방법을 알아보자. 이를 위해 앞서 소개했던 다섯 가지 실기 테스트를 예제로 사용한다.

나는 각 테스트를 프레임워크에 기반해 직접 풀이해서 최종 솔루션까지 제시할 것이다. 대부분은 화이트보드 세션 또는 온사이트 인터뷰에 적합한 문제지만 충분한 시간이 주어진다면 테스트 모두 재택 실기 과제로도 손색이 없다.

미리 한 가지 양해를 구하고 싶다. 나는 재택 실기 테스트에서 산출해야 하는 하이 피델리티 구현은 다루지 않을 생각이다. 이런 수준의 솔루션을 구축하는 방법에 관한 리소스는 이미 쉽게 구할 수 있기 때문이다. 대신에 우리가 이미 알아본 프로덕트 중심 사고와 솔루션 플로에 집중해서 풀이할 것이다.

또한 실기 테스트를 수행할 때 프레임워크 캔버스(부록을 참고하라)를 어떻게 사용할 수 있는지에 대한 예시도 제공할 계획이다. 이 예시는 '일차보건의료 개선' 실기 문제(3.4)에서 찾을 수 있다.

당신이 직접 문제 풀이 연습을 하고 그다음 내가 제안하는 솔루션과 비교하고 싶다면 아래에 실기 테스트 예제가 있으니 비교

해봐도 좋다. 기술했듯이 하나의 완벽한 솔루션은 존재하지 않는다는 사실을 기억하라. 아래의 실기 문제의 경우도 마찬가지다. 단언컨대 하나의 정답은 없다. 따라서 (보나마나) 당신의 솔루션은 이 책에서 제시하는 솔루션과 다르겠지만 당신의 솔루션이 틀렸다고 생각할 필요가 전혀 없다.

실기 테스트 목록

3.1 액상 비누와 샴푸 리필용 키오스크를 디자인하시오.

3.2 미국인의 81%는 책을 쓰고 싶어 한다.[1] *이를 반영하듯이 킨들 스토어에서는 1인 출판(Self-Publishing) 전자책이 총 매출의 31%를 차지한다. 아마존에서 1인 출판할 수 있고 또한 1인 출판의 진입 장벽을 낮추는 프로덕트를 디자인하시오.*

3.3 프리랜서의 비즈니스 관리 대시보드를 디자인하시오.

3.4 일차의료는 보건의료 서비스에 대한 접근성 강화, 건강 결과 개선, 내원 환자 감소 등과 관련 있다. 또한 특정 인구 집단 내에

---

1 "당신 안에 작가가 있다고 생각하는가? 다시 생각하라(Think You Have a Book in You? Think Again)", 〈뉴욕타임스(New York Times)〉, http://www.nytimes.com/2002/09/28/opinion/think-you-have-a-book-in-you-think-again.html

서의 더욱 공평한 보건의료 분배와도 연결된다. 미국 보건의료 시스템의 현주소는 일차의료 인력의 심각한 부족과 불평등한 분배다. 일차의료의 접근성을 향상시킬 수 있는 디지털 프로덕트를 디자인하시오.

3.5 ATM 경험을 개선하시오.

3.1

키오스크 인터페이스 디자인

실기 문제: 액상 비누와 샴푸 리필용 키오스크를 디자인하시오.

물리적인 경험과 디지털 경험을 결합시키는 이 과제는 온사이트 실기 테스트에 안성맞춤이다. 어떻게 시작하면 좋을까? 인터뷰어와 인터뷰이가 아래와 같은 대화로 풀이를 시작하면 이상적이다.

인터뷰어: 우리 실기 테스트는 액상 비누와 샴푸 리필용 키오스크를 디자인하는 것입니다.

지원자: 멋진 아이디어입니다. 이 프로덕트를 어디에 비치할 계획입니까? 생활 공간을 제공하는 기업(호텔, 호스텔, 공동 주거지) 또는 소매점(슈퍼마켓, 편의점, 미용실, 약국)이 이

프로덕트에 관심을 가질 수 있을 것 같습니다.

인터뷰어: 소매 시장, 특히 슈퍼마켓과 편의점에 초점을 맞춰 보죠.

지원자: 알겠습니다. 키오스크의 물리적인 부분은 어떻습니까? 제가 수정해도 될까요?

인터뷰어: 키오스크는 터치스크린, 샴푸와 액상 비누 각각을 충전하는 두 개의 배출구, 카드 단말기로 구성됩니다. 당신은 하드웨어를 변경할 수는 없습니다.

지원자: 알겠습니다. 프로덕트마다 유형은 딱 하나입니까 아니면 둘 이상입니까?

인터뷰어: 프로덕트마다 세 가지 유형이 있습니다.

1단계: 당신의 목표를 이해하라(왜)

나는 이 프로덕트가 최종 사용자에게 두 개의 주요한 가치를 제안[2]한다고 생각한다.

---

2 **역주** Value Proposition, 가치 제안. 기업이 소비자가 제품 또는 서비스를 구매할 때 지불하는 비용보다 얻게 될 가치가 더 크다는 것을 보여주는 것으로, 고객이 경쟁 제품이나 서비스가 아닌 해당 기업의 제품이나 서비스를 선택해야 하는 명확한 이유다.

- **지속 가능성** – 내용물을 충전해서 사용하면 아무 쓸모없이 쓰레기로 버려지는 플라스틱 포장을 없앨 수 있으며, 이러한 플라스틱이 환경에 미치는 영향이 줄어든다. 또한 샴푸와 비누는 모두에게 필요한 기본 생필품이므로 우리 프로덕트는 불필요한 소비를 부추기지 않는다.

- **높은 가격 경쟁력** – 나는 비누와 샴푸가 생산도 쉽고 생산 원가도 저렴해서 이익 마진이 높은 고수익 제품이라고 가정한다. 따라서 유통의 편리성과 포장의 간소화를 고려할 때, 품질 수준을 유지하거나 향상시키면서도 경쟁 제품들보다 저렴한 프로덕트를 만들 가능성이 충분하다.

독특한 공급 시스템에 위의 두 측면이 더해지면 비누와 샴푸 같은 상품이 판매되는 방식에서 소매 혁명을 촉발시킬 수도 있다. 이뿐만 아니라 리필 키오스크 콘셉트는 주방 세제, 헤어 컨디셔너, 섬유 유연제 등의 상품까지 확장할 여지도 있다.

한편 제휴 매장의 경우 이것이 리텐션의 동인을 생성시키고, 이는 다시 우리 고객의 충성도를 유지시키는 선순환으로 이어질 수 있다.

2단계: 오디언스를 정의하라(누가)

비누와 샴푸는 전 세계 모든 가정이 구매하는 기본 생필품으로서 잠재 시장(Potential Market)이 엄청나다. 환경 친화성과 가성비라는 두 가지를 감안하면 우리 프로덕트의 타깃 오디언스는 크게 네 집단으로 특정된다.

- **환경 의식이 높은 고객** – 우리 프로덕트는 시장에서 가장 지속 가능한 솔루션일 공산이 크다. 이런 점에서 친환경 제품을 선호하는 소비자가 우리 프로덕트에 관심을 가질 수 있다.

- **밀레니얼 세대** – 환경과 자신의 소비 습관을 민감하게 의식할 뿐 아니라 자신의 습관을 변화시키는 것에 가장 적극적이다.

- **도시 거주민** – 키오스크의 설치 장소 1순위는 유동 인구가 많은 곳이므로 키오스크 대부분은 도시에 설치될 것이다.

- **저소득층** – 우리 프로덕트가 경쟁사들보다 저렴하다고 가정할 때, 최저가 제품을 원하는 소비자가 우리 프로덕트를 선택할 가능성이 높다.

3단계: 고객의 컨텍스트와 니즈를 이해하라 (언제 그리고 어디서)

이제는 우리 프로덕트가 어떤 조건과 환경에서 사용될지 알아보자. 우리 프로덕트는 슈퍼마켓과 편의점 내부에 설치될 예정이고, 여기서 네 가지 잠재적 상황을 유추해볼 수 있다.

- 대기 줄

- 실내

- 양호한 조명 상태

- 고객이 쇼핑백을 손에 들고 있음

샴푸나 비누를 구매하는 동기부여는 매우 단순명료하다. 기본적인 수준의 위생 상태를 유지하고 싶은 것이야 인간의 기본 욕구인 동시에 고객의 생활방식에 깊이 스며들어 있는 부분이다. 다시 말해, 고객에게 기본 위생의 장점을 납득시킬 필요가 없다. 더군다나 고객은 이 니즈를 충족시키는 방법도 이미 잘 안다. 어디서든 샴푸나 비누를 구매하면 그만이다. 따라서 프로덕트의 관점에서 보면 우리가 이 니즈를 충족시키기 위해 할 일은 명백하다. 키오스크가 물 흐르듯 매끈한 심리스(seamless) 고객 경험을 제공하도록 해야 한다.

요컨대 키오스크 인터페이스는 명확하고 효율적이어야 한다. 하지만 솔루션을 본격적으로 탐구하기에 앞서 생각해볼 것이 있다. 심리스 고객 경험을 제공하는 것 말고도 인터페이스가 명확하고 효율적이어야 하는 이유가 두 개 더 있다.

- 나는 고객이 대기 줄 때문에 키오스크를 기피하고, 이는 매출 감소로 이어진다고 가정할 것이다. 뒤집어 생각하면 키오스크의 평균 이용 시간을 단축시켜주는 더욱 효율적인 인터페이스는 대기 줄 감소 및 매출 증가와 동의어라고 할 수 있다.

- 고객은 쇼핑백을 들어야 하고 집에서 가져온 리필 용기를 찾아 꺼내야 할 것이므로 가끔은 한손으로 키오스크를 작동하는 상황도 있을 수 있다.

4단계: 아이디어를 목록화하라(무엇을) + 5단계: 아이디어의 우선 순위를 정하고 하나를 선택하라

우리는 어떤 프로덕트를 만들지 알고 있으니 4단계와 5단계는 필요하지 않다.

6단계: 솔루션을 만들어라

고객과 키오스크 간의 인터랙션을 보여주는 스토리보드를 간략히 스케치해보자(그림 3-1).

- 줄서서 기다린다(대기 줄이 있을 경우).

- 키오스크 앞으로 이동한다.

- 제품, 향, 충전량을 선택한다.

- 결제한다.

- 용기를 배출구 아래에 놓는다.

- 충전되는 동안 기다린다.

- 충전이 끝나면 용기를 회수하고 떠난다.

그림 3-1 키오스크에서 비누와 샴푸를 충전하는 사용자 여정 스토리보드

1. 키오스크 앞으로 이동한다

2. 제품, 향, 충전량을
선택한다

3. 결제한다

4. 용기를 놓는다

5. 충전되는 동안 기다린다

6. 용기를 회수한다

이제는 키오스크의 물리적인 구성 요소를 시각화해보자(그림 3-2). 앞서 말한대로 키오스크의 몸체는 세 부분으로 구성된다.

- 터치스크린

- 두 개의 배출구

- 카드 단말기

그림 3-2 키오스크의 몸체 외관

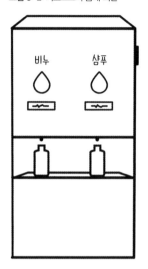

나는 화면에서 제품명이 보이는 지점의 바로 아래에 배출구를 위치시킬 것이다. 이렇게 하면 시각적인 연결고리가 만들어지고, 샴푸와 비누의 배출구 각각이 어디에 위치하는지 자연스럽게 알려주는 효과도 있다. 또한 통계에 의하면 대략 열에 여덟아홉은 오른손잡이이므로 카드 단말기는 키오스크의 오른쪽 가장자리에 배치하는 것이 실용적이다.

이제 비누 200ml와 샴푸 400ml를 구매하는 고객의 유스 케이스(Use-Case)를 기반으로 인터페이스 매핑을 시작해보자.

초기 화면의 주된 목적은 판매 촉진이다(그림 3-3). 다시 말해, 초기 화면은 키오스크 앞을 지나가는 사람의 관심을 끌고 리필 서비스의 가치를 알리기 위한 일종의 '현수막'으로 사용된다. 그리고 '현수막'은 '플라스틱-제로 피부 & 모발 관리'라는 헤드라인(표제)과 제품을 좀 더 구체적으로 설명하는 '샴푸 & 비누 리필'이라는 서브헤드라인(부제)으로 구성된다. 마지막으로 화면 최하단에는 키오스크와의 인터랙션을 시작하는 방법을 알려주는 문구 '시작하려면 화면 아무 곳이나 터치하세요'가 위치한다.

그림 3-3 키오스크의 초기 화면 **그림 3-4 제품 선택 화면**

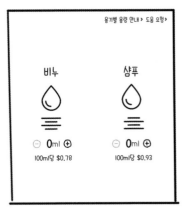

고객이 화면을 터치하면 제품 종류와 가격을 안내하는 제품 선택 화면(그림 3-4)으로 바뀌게 된다. 여기서 고객은 충전하고

싶은 양을 선택하고, 그 다음에는 향과 결제 총액 등 좀 더 세부적인 관련 항목이 보일 것이다(그림 3-5). 우리가 각 제품에 적용할 항목은 아래와 같다.

- 제품명

- 향기별로 색상이 다른 유색 아이콘

- 모달(Modal Window)을 띄우는 향기 선택 컨트롤러(그림 3-6)

- 100ml 단위로 충전량을 조절하는 컨트롤러. 대부분의 사람은 밀리리터 기준에 익숙하지 않으므로 고객이 밀리리터를 좀 더 구체적인 무언가와 연계해 이해하도록 도와줄 필요가 있다. 이를 위해 밀리리터의 양을 몇 회 사용할 수 있을지 근사치를 제공하면 좋다(예: 비누 200ml = 120회 사용분).

그림 3-5 고객이 선택한 제품들과 결제 영역

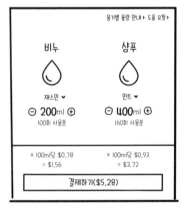

그림 3-6 향 선택 모달

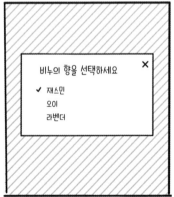

- 단위당 가격

- 선택한 양의 결제 총액

'결제하기($5.28)' 버튼은 두 제품의 가격을 합산한 최종 결제 금액을 보여주며, 버튼을 누르면 결제가 진행된다.

제품 선택과 직접적인 관련은 없지만 메인 화면에 포함시키면 유용한 기능성 몇 가지가 더 있다.

- 고객 지원 담당자 전화번호와 이메일 주소를 포함하는 **도움** 대화창. 키오스크가 말 그대로 오퍼레이터가 없는 무인 기기이므로 이 기능을 탑재하면 고객과 우리에게 다 이롭다. 고객은 원하는 도움을 받고, 우리는 고객의 요청 사항을 키오스크 개선 방법에 대해 배우는 기회로 사용할 수 있다.

- **용기별 용량 안내** – 자신이 가져온 용기의 최대 용량을 모르는 고객이 있기 마련이다. 우리는 이런 고객을 도와주기 위해 일종의 용량 '가늠자'를 만들 수 있다. 실생활에서 사용하는 다양한 용기의 샘플을 크기별로 보여주는 것이다. 물론 한 치의 오차 없이 정확하지는 않겠지만 고객에게 자신이 가져온 용기의 용량을 대략적으로 알려줄 만큼 정확하게 만들 수는 있다.

- 향후 언젠가는 고객과 키오스크 간의 인터랙션을 최소화하는 **자동 충전** 경험까지 창조할 기회가 열려 있다. 용기를 선반에 올려놓으면 스캐너가 용기를 자동으로 측정해서 가능한 최대 충전량을 제안하고, 이후 충전과 결제 단계까지 자동으로 진행하는 것이다.

고객이 주문 내용을 조정하고 '결제하기' 버튼을 누르면 화면에는 결제 수단 옵션이 보이게 된다. 당연한 말이지만 키오스크 운영자 입장에서는 고객이 슈퍼마켓 계산대에서 결제하는 것보다 키오스크에서 직접 결제하는 방식을 선호할 것이다. 판매 대금을 더 빨리 수령할 뿐 아니라 키오스크를 최대한 독립적으로 운영할 수도 있기 때문이다. 고객이 직접 결제를 선택하면 키오스크 오른쪽에 위치한 카드 단말기에 카드를 통과시키라고 요청하면 된다(그림 3-7). 키오스크가 인터넷과 연결되어 있으면 페이팔, 비트코인 등으로 결제하는 방법도 가능할 수 있다. 하지만 최초 모델의 키오스크에서는 거의 모든 고객이 카드를 보유할 것이므로 카드 결제 방법만 제공해도 무리가 없다. 이렇게 하면 프로덕트를 더 신속하게 출시하는 장점도 있다.

그림 3-7 결제 과정

고객이 결제를 완료하면 충전 단계로 넘어간다. 먼저 용기를 올리는 위치를 알려주고 충전을 시작하기 위해 '시작' 버튼을 누르라는 도움말이 나타난다(그림 3-8). 그리고 충전이 시작되면 충전 완료까지 남은 시간이 화면에서 카운트다운될 것이다(그림 3-9).

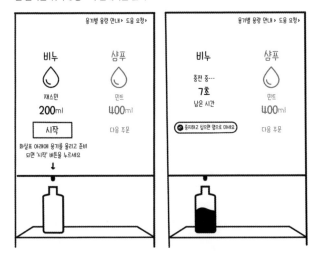

그림 3-8 결제 완료 후 충전을 위해 용기 를 올바른 위치에 놓도록 안내하는 단계

그림 3-9 제품 충전 중

모든 거래가 종결된 후 마지막 화면에 고객이 정상 포장의 본품 대신에 리필 제품을 선택함으로써 절약한 자원에 관한 정보를 보여줄 수도 있다. 예를 들어 '이번 구매로 고객님은 플라스틱

용기 하나를 제조하는 데 필요한 물 4리터를 절약하셨습니다',
또는 '정상 제품보다 $00 싸게 구매하셨습니다'라는 식이다. 이
런 정보는 리필용 키오스크가 환경에 미치는 임팩트를 고객에
게 더욱 확실히 주지시키는 동시에, 고객에게 구매 만족감을 안
겨주고 재방문 가능성을 끌어올릴 것이다.

7단계: 성공을 측정하라(어떻게)

이번 키오스크 인터페이스와 이후의 디자인 이터레이션의 성공
을 측정하기 위해 네 가지 지표를 추적할 수 있다.

- 인터랙션 시작 건수 – 초기 화면이 얼마나 많은 관심을 유발할까?

- 결제 완료 시간 – 구매를 종결하기까지 시간이 얼마나 걸릴까?

- 결제 성공률 – 결제 과정을 완료한 고객 수를 측정한다.

- 순수 고객 추천 지수

3.2

아마존의 1인 출판 플랫폼

실기 문제: 미국인의 81%는 책을 쓰고 싶어 한다.[3] **이를 반영하듯이 킨들 스토어에서는 1인 출판 전자책이 전체 전자책 매출의 31%를 차지한다. 아마존에서 1인 출판할 수 있고 또한 1인 출판의 진입 장벽을 낮추는 프로덕트를 디자인하시오.**

광범위한 영역을 다루는 이번 실기 테스트는 재택 문제로 가장 적합하다고 본다. 무엇보다 이 프로덕트는 지원자가 거의 다루어본 적이 없음직한 다단계 프로세스를 포함한다. 따라서 이 과제의 목적은 지원자가 이런 생소한 다단계 프로세스를 이해하

---

3 "당신 안에 작가가 있다고 생각하는가? 다시 생각하라(Think You Have a Book in You? Think Again)", 〈뉴욕타임스(New York Times)〉, http://www.nytimes.com/2002/09/28/opinion/think-you-have-a-book-in-you-think-again.html

고 그 프로세스를 매핑하는 능력을 시험하는 데에 있다.

또한 최종 프로덕트는 아마존이 제공하는 라인업의 하나가 될 예정이므로 이 테스트는 지원자가 기존 디자인 시스템을 어떻게 다루는지 검증하는 데에도 상당히 효과적이다.

1단계: 당신의 목표를 이해하라(왜)

아마존의 미션은 사람들이 온라인으로 구매하고 싶은 모든 것을 찾고 발견할 수 있는 플랫폼을 구축하는 것이다. 도서는 아마존, 특히 수익률 높은 프로덕트인 킨들 스토어 비즈니스에서 커다란 비중을 차지한다. 운영의 물리적인 측면이 필요하지 않으니 이익 마진이 큰 것이다. 아마존이 도서 출판의 문턱을 최대한 낮추면 킨들 스토어로의 공급이 증가하며, 이것이 매출 증가로 이어질 것은 당연지사다.

아마존은 이미 개인이 킨들 전자책을 출판할 수 있는 프로덕트를 운영한다. 바로 킨들 다이렉트 퍼블리싱(Kindle Direct Publishing, KDP)이다. 하지만 나는 KDP의 인터페이스와 기능에 익숙하지 않으므로 이 테스트를 풀이하는 동안 KDP를 얼마간 리디자인해볼 생각이다.

2단계: 오디언스를 정의하라(누가)

자신이 직접 책을 출판하는 사람은 네 개의 인구 집단에 속할 가능성이 가장 크다.

- 30~80세
- 중산층 이상
- 자기 고용 형태, 즉 자영업자
- 고학력자

또한 1인 출판 프로덕트의 오디언스는 해당 경험의 유무에 따라 두 개의 핵심 집단으로 나눌 수 있다.

- 예비 작가
- 기성 작가

두 집단의 동기부여는 비슷하지만 둘의 니즈는 약간 다르다. 생애 첫 출판을 꿈꾸는 신인 작가에게는 더 많은 지침을 제공하고, 기성 작가에게는 효율성을 증대시켜줄 필요가 있다.

3단계: 고객의 컨텍스트와 니즈를 이해하라
(언제 그리고 어디서)

1인 출판 프로세스를 따를 때 작가의 보편적인 **컨텍스트**는 아래
와 같다.

- **언제** – 사람들은 콘텐츠 작성 실력이 상당한 수준에 이르렀을 때 자
  신에게 어떤 출판 선택지가 있는지 알아보는 법이다. 고로 나는 이처
  럼 콘텐츠 작성에 일가견이 있는 고객이 1인 출판 프로덕트와 인터랙
  션을 시작한다고 가정한다.

- **어디서** – 작가는 집, 커피숍, 공유 오피스, 공항 등 어디서든 글을 쓸
  수 있다. 그리고 노트북과 데스크톱을 주로 사용하겠지만 태블릿을
  사용할 수도 있다. 나는 작가가 1인 출판 프로세스를 따를 때도 글을
  쓸 때와 동일한 기기를 사용할 것이라고 본다.

- **감정** – 흥분과 초조가 공존한다. 특히 신인 작가라면 개인 출판과 관
  련해 자신이 미처 알지 못했던 측면에 한껏 위축될지도 모르겠다.

고객이 1인 출판 플랫폼으로 책을 출간하려면 무엇이 **필요**할까?

- 표지 디자인

- 본문 편집

- 삽화

- 목차 레이아웃 디자인

- 웹 프레즌스(Web Presence)

- 사고 리더(Thought Leader)[4]가 작성한 서문

- 다양한 전자책 제공 형식

- 종이책 출판 및 배송 계획 수립

- 시각적 홍보물, 다이렉트 이메일, 웹사이트 같은 마케팅 자료

- 저작권료 정산, 세금 같은 재무 계획 수립

4단계: 아이디어를 목록화하라(무엇을)

책 출판 프로세스는 원고 작성과 본문 편집, 시각적 요소, 도서 판매처와의 소통 등과 같이 많은 부분이 어우러져야 한다. 노트북/데스크톱으로 작업하는 것에 익숙한 작가에게 최상의 경험을 제공할 프로덕트는 무엇일까? 작가가 이미 익숙한 노트북/데스크톱으로 이러한 모든 태스크를 수행할 수 있게 해주는 웹앱이 가장 유망하다.

반면, 출판 후의 경험은 모바일에 더 적합할 수도 있다. 작가가 자신의 독자에 관한 통계 정보와 저작권료 지급 현황을 언제 어

4 　**역주** 혁신적인 사고로 새로운 비즈니스 기회를 창출하는 리더를 말한다.

디서든 실시간으로 추적할 수 있기 때문이다.

5단계: 아이디어의 우선 순위를 정하고 하나를 선택하라

4단계에서 웹 앱을 빌드하기로 결정했으므로 이 단계는 생략해도 된다.

6단계: 솔루션을 만들어라

1인 출판 프로덕트는 아마존 마켓플레이스와 연결되지 않은 전용 영역(Dedicated Area)이 반드시 필요하다. 그래야 1인 출판 프로세스를 따르는 동안 작가의 주의를 분산시키는 방해 요소가 최소화될 수 있기 때문이다. 하지만 새 계정을 만들 때 발생하는 마찰을 줄이기 위해 작가는 자신의 아마존 자격 증명(credentials)으로 로그인할 수 있어야 한다(오늘날 오더블에서는 아마존 자격 증명으로 로그인할 수 있다).

1인 출판 프로덕트의 고객은 두 부류다. 책 출판 경험이 없어서 앞으로의 프로세스에 대해 잘 모르거나 불안감을 느끼는 신인 작가와 신간 출판을 계획하는 기성 작가이다. 이렇게 볼 때 로그인 후에 보이는 화면을 어떻게 디자인해야 하는지 답이 보인다. 길고 때로는 불확실한 1인 출판 프로세스에 대한 작가의 불안감을 덜어주기 위해 따뜻하고 우호적이어야 한다. 또한 작가가 자신의 첫 책을 앱에 추가하고 1인 출판 여정을 시작하도록 용기를 북돋워주어야 한다(그림 3-10).

그림 3-10 로그인 후 시작 화면

고객이 출판 플로를 새로 시작하면 앞서 3단계에서 매핑한 1인 출판의 모든 측면을 한 단계씩 거치게 된다(그림 3-11). 그렇다고 단계를 반드시 순서대로 따라야 하는 것은 아니다. 오히려고객은 단계 사이를 자유롭게 이동하면서 단계를 하나씩 완성

할 뿐 아니라 진행 사항을 점진적으로 저장할 수 있어야 한다. 이런 종류의 경험을 제공하기 위해 나는 마법사(wizard)처럼 마스터-디테일 레이아웃을 가진 경험을 적용할 계획이다.

그림 3-11 아마존 페이지 설정 단계

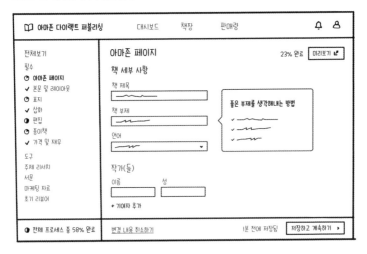

고객의 관점에서 사이드바(마스터)의 목표는 두 개라고 보면 된다. 출판 단계 사이를 이동하는 것과 각 단계의 완료율을 알려주는 기능을 포함해 진행 사항에 대한 피드백을 제공하는 것이다. 특히 두 번째 목표는 전체 프로세스에 대한 이해를 높여주고, 또한 진전을 이룬다는 성취감을 주어 작가에게 동기를 부여하는 효과도 있다. 한편 디자이너 입장에서 사이드바는 디자인

레이아웃을 그대로 유지하면서도 출판 프로세스의 기능을 조정할 수 있는 유연성을 제공해줄 것이다.

자칫 작가가 출판 프로세스의 여러 단계 자체에 압도당할 수도 있다. 그래서 나는 작가가 크게 주눅들지 않고 단계를 더 쉽게 훑을 수 있도록 전체 단계를 두 카테고리로 나누었다.

- **필수** – 아마존에서 책을 출판하기 위한 필수 단계들
- **도구** – 작가가 더욱 양질의 책을 출판하도록 도와주는 '있으면 좋은' 선택적 서비스들

사이드바 섹션은 어떻게 구성될까?

- **전체보기** – 출판 프로세스를 지속적으로 추적하고 "얼마까지 진행되었을까?"와 "다음 단계는 무엇일까?"라는 두 질문에 대답하기 위한 도서 대시보드. 최근에 추가된 책의 경우, 대시보드는 출판 프로세스 추천 단계들에 대한 전체보기를 제공하는 것으로 시작해도 무방하다.
- **아마존 페이지**(그림 3–11) – 작가가 아마존 마켓플레이스에 프레젠스를 생성하기 위해 필요한 정보를 입력하게 해준다. 이 기능은 아마존에서 책이 출판될 때 도서 웹페이지가 어떻게 보일지 예상할 수 있는 '미리보기' 옵션을 포함할 것이다.
- **본문 및 레이아웃**(그림 3–12, 그림 3–13) – 본문 원고 업로드와 업

로드한 원고가 전자책과 종이책으로 어떤 형태일지에 관한 설정/미리보기.

- **표지**(그림 3-14) – 1인 출판 작가에게 삽화 서비스를 제공할 수 있는 디자이너 마켓플레이스. 나는 아마존이 프리랜서 디자이너들을 쉽게 확보할 수 있을 것이라고 생각한다. 한편 마켓플레이스 플로는 작가가 디자이너를 위해 간단한 개요서를 준비하는 데에 도움이 될 수 있다.

- **삽화** – 디자이너 마켓플레이스. 나는 삽화 디자이너도 표지 디자이너와 동일 집단이라고 가정한다.

- **편집** – 편집자 마켓플레이스

- **종이책** – 인쇄와 배송 설정. 현재 아마존은 주문형(On-Demand) 도서의 출판부터 배송까지 책임진다. 따라서 작가는 이 항목에서 종이책 출판 관련 비용(종이 종류, 책 크기 등)을 계산할 수 있어야 한다.

- **가격 및 재무**(그림 3-15) – 도서 가격을 결정하고 저작권 수입을 계산한다.

- **서문** – 작가가 서문을 의뢰하도록 도와주는 도구. 서문은 주로 성공적인 사고 리더가 작성한다. 아마존은 세계 최대 규모의 기성 작가 데이터베이스를 구축했을 가능성이 크다. 이렇게 볼 때 아마존은 견실한 기성 작가와 신인 작가를 연결시켜주는 훌륭한 플랫폼으로 손색이 없다.

- **마케팅 자료** – 출시에 필요한 짧은 책 소개글, 배너 광고, 웹사이트

같이 시각적 홍보물을 만들기 위한 가이드라인 그리고/또는 마켓플레이스.

- **리뷰 요청** – 리뷰는 아마존에서 구매를 견인하는 주된 동인 가운데 하나다. 나는 책을 출시할 때부터 리뷰를 함께 제공하는 것이 성공 가능성을 높여준다고 가정한다. 아마존은 작가가 책을 출시하기 전에 비슷한 도서에 리뷰를 남긴 리뷰어들과 미리 연결시켜줄 수 있다. 그리고 작가는 진실하고 솔직한 리뷰를 받는 조건으로 자신의 책을 무료로 제공하는 것도 좋은 아이디어다. 이를 통해 작가는 초기 피드백, 자신의 아마존 책 웹페이지에 대한 리뷰, 자신의 웹사이트에서 사용할 수 있는 추천글 등을 수집한다.

디자이너 마켓플레이스와 편집자 마켓플레이스의 관점에서 볼 때 이상적인 시나리오는 1인 출판 프로덕트가 작가와 서비스 제공자 간의 커뮤니케이션 시스템을 운영하는 것이다. 하지만 이 프로덕트가 최소 기능 제품이라는 점을 고려하면 작가가 직접 소통할 수 있게 검증된 서비스 제공자 목록을 제공하는 것도 한 방법이다.

사이드바에서 단계를 선택하면 콘텐츠 영역(마스터 디테일에서의 디테일)에서는 해당 단계를 완료하기 위한 필수 데이터를 입력하는 항목이 죽 나타날 것이다. 일부 단계는 비슷한 유형의 인터랙션(양식 채우기, 파일 업로드, 비용 계산, 서비스

공급자 찾기 등)이 필요하고, 따라서 재사용 컴포넌트(Reusable Component)의 디자인 시스템을 구축하면 프로덕트 개발 과정이 한결 수월해질 수 있다. 프로덕트 전반에서 재사용할 수 있는 빌딩 블록(Building Block) 몇 가지는 아래와 같다.

- **양식**(그림 3-11) – 텍스트 정보 입력을 위해 가장 널리 사용되는 요소일 것이다.

- **파일 업로드**(그림 3-12, 그림 3-13, 그림 3-14) – 본문 원고 또는 표지와 삽화에 사용할 그래픽

- **마켓플레이스**(그림 3-14) – 디자이너, 편집자, 서문 작가 등을 찾는 것처럼 제3자와의 모든 상호작용

- **계산기**(그림 3-15) – 인쇄 비용, 배송 비용, 잠재적인 저작권 수익 등을 계산하기 위한 도구

- **미리보기** – 데이터를 다른 컨텍스트로 시각화한 것. 종이책/전자책에서의 본문 레이아웃 미리보기 또는 아마존의 책 웹페이지 미리보기.

이런 빌딩 블록을 만들어 놓으면 프로덕트에서 각 유스 케이스에 맞춰 필요한 빌딩 블록들을 재사용할 수 있다.

그림 3-12 본문 및 레이아웃 설정 시작 화면

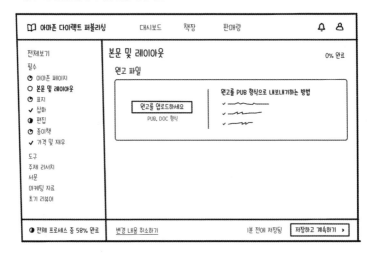

그림 3-13 사용자가 원고를 업로드한 후 본문 & 레이아웃 설정

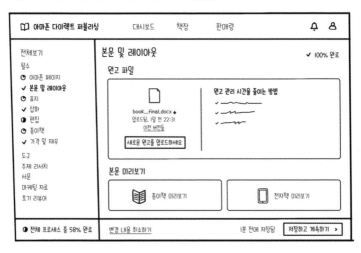

그림 3-14 자체적인 디자이너 마켓플레이스를 홍보하는 책 표지 단계의 시작 화면

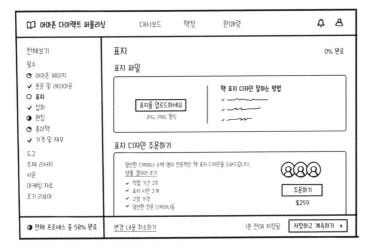

그림 3-15 종이책과 전자책 각각의 최종 수익 계산기가 포함된 가격 및 재무 단계

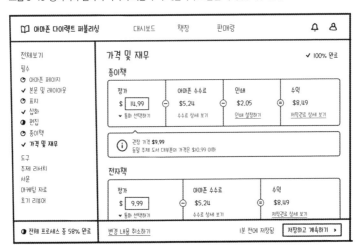

진행 사항을 지속적으로 저장해야 하는 고객의 수고를 덜어주기 위해 고객이 '변경 내용 취소'를 선택하지 않으면 변경된 모든 데이터는 자동으로 저장될 것이다. 고객이 모든 필수 정보를 입력하고 나면 사이드바에서 중요한 단어 하나를 명확히 볼 수 있다. 책 출판 단계를 시작하라는 제안이다(그림 3-16).

그림 3-16 작가가 책 출판에 필요한 모든 필수 정보를 입력하고 난 뒤 보이는 콜투액션(Call-to-Action, CTA)[5] 영역

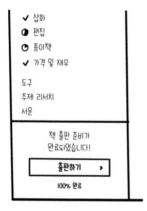

책이 출판되고 나면 대단한 성취를 이룬 작가를 축하하고 작가가 지난한 프로세스를 성공적으로 마친 것에 자부심을 갖도록 해주어야 한다. 작가 입장에서 자연스러운 다음 단계는 자신의 책이 아마존과 킨들 스토어에서 어떤 모습일지 미리 보여주고,

---

5 **역주** 행동을 유도하는 요청 영역을 말한다.

소셜 네트워크 또는 아마존의 유료 광고를 통해 홍보를 시작하는 것이다(그림 3-17).

그림 3-17 1인 출판 프로세스 완료와 책의 성공적인 출판을 알려주는 화면

이 프로덕트에서 유용하게 활용할 수 있는 한 가지를 아마존에서 얻을 수 있다. 바로 성공적인 책들의 공통점에 관해 아마존이 수집한 정보다. 특히 이 정보는 출판의 각 측면에 대한 베스트 프랙티스 가이드라인을 개발할 때 요긴할 수 있다. 가령 아마존은 기존의 판매 데이터와 리뷰를 기반으로 삽화가 포함된 논픽션 도서의 성공 가능성이 더 높다고 결정한다고 하자. 이 경우 아마존은 모종의 상관 관계가 보일 때 작가에게 삽화를 포

함시키도록 제안할 것이다. 이것은 일거삼득의 묘수가 될지도 모른다. 독자는 더 좋은 책을 만나고, 작가는 더 크게 성공하며, 아마존은 더욱 성장할 수 있다.

7단계: 성공을 측정하라(어떻게)

나는 기존 프로덕트를 리디자인한다는 가정 하에 기존 디자인과 새 디자인의 지표를 비교할 것이다.

- 전체 프로세스 완료율 – 이 프로덕트에 추가된 모든 책 중에서 출판 프로세스가 완료된 비율
- 각 단계의 완료율

이 두 지표는 작가가 책 출판이라는 목표에 더 가까이 다가가도록 해주고, 이는 다시 아마존의 비즈니스를 더 높은 성공의 반석에 올려주는 효과가 있다.

여기에 더해 나는 부가 기능의 리텐션도 측정하고 싶다. 디자이너 마켓플레이스를 예를 들어보자. 디자이너 마켓플레이스를 처음 이용한 작가가 다음 출판 때 이 마켓플레이스를 선택하지 않는다면 어떨까? 이것은 디자이너 마켓플레이스와의 최초 경험이 긍정적이지 않았다고 봐도 무방하다.

3.3

프리랜서 전용 대시보드

실기 문제: 프리랜서의 비즈니스 관리 대시보드를 디자인하시오.

이번 테스트에서 지원자는 오디언스가 이미 명확히 정의된 특정 프로덕트의 측면 하나를 디자인하는 과제를 수행하게 된다. 다시 말해, 지원자는 다양한 오디언스를 탐구하고 또한 이들 오디언스의 니즈를 충족시킬 방법에 관한 아이디어를 생각해내야 하는 부담이 많이 줄어든다. 즉, 지원자는 솔루션 자체에 더 많은 시간을 집중할 수 있다. 이 문제는 라이브 화이트보드 세션 또는 온사이트 실기 테스트에 사용해도 무리가 없다.

오디언스가 명확히 정의되었다는 것에 더해, 지원자 입장에서 이 테스트가 상대적으로 쉬울 수 있는 특징이 하나 더 있다. 지원자는 플로 전체를 프레젠테이션할 필요가 없다. 최종 산출물은 딱 하나, 정적인 상태의 프로덕트다. 전체 플로 디자인을 연습하고 싶다면 "프리랜서의 프로젝트 관리 앱을 디자인하시오."와 같이 문제를 약간 다르게 변형하면 된다. 이렇게 변형된 문제는 재택 실기 테스트에 사용해도 된다.

이 테스트에서 인터뷰어와 인터뷰이는 어떤 식으로 시작하면 좋을까?

> 인터뷰어: 지금부터 프리랜서의 비즈니스 관리 대시보드를 디자인해주시기 바랍니다.

> 지원자: 잘 알았습니다. 웹 앱 대시보드를 디자인한다고 가정해도 될까요?

> 인터뷰어: 웹 앱 대시보드가 적절하다고 생각하면 그렇게 하시죠.

1단계: 당신의 목표를 이해하라(왜)

오늘날 글로벌 인력은 독립성이 커지는 추세고, 프리랜서 시장도 이런 추세에 편승해 향후 몇 년간 지속적인 성장이 예상된다. 사람들은 프리랜서가 누릴 수 있는 독립성과 유연성을 꿈꾸지만, 얼마나 많은 관리 업무가 필요한 일인지 모르는 사람도 있다.

프리랜서 비즈니스의 관리 업무를 간소화시켜주는 프로덕트는 프리랜서가 실질적인 작업에 더 많은 시간을 투입하고 더욱 성공하도록 도와줄 수 있다. 즉, 이 프로덕트는 프리랜서의 수입과 직결되고, 당연히 프리랜서는 이 프로덕트의 서비스에 기꺼이 비용을 지불할 것이다. 게다가 나는 이 프로덕트가 프리랜서 세상의 문턱을 낮추고, 이로써 이 프로덕트의 잠재 시장이 확장될 수 있다고 기대한다.

2단계: 오디언스를 정의하라(누가)

각기 다른 니즈를 가진 프리랜서 집단을 정의할 때 유용한 세 가지 분류 기준이 있다.

직군

- 디자이너
- 개발자
- 작가

- 사진작가

- 영상 제작자

- 마케팅 전문가

- 기타 등등

프리랜서 근무 형태

- 풀타임

- 파트타임

- 리테이너(retainer)[6] 계약

프리랜서 경험 유무

- 없음

- 있음

3단계: 고객의 컨텍스트와 니즈를 이해하라(언제와 어디서) ──

언제 우리는 비즈니스 운영의 거의 모든 단계에서 고객(프리랜서)과 연결할 계획이다. 고객은 각 단계마다 느끼는 감정이 다

---

6 **역주** 착수금이나 선금처럼 미리 결정된 시간 동안 또는 사전에 정해진 일을 위해 지불되는 수수료를 말한다.

를 것이다. 예를 들어 잠재적인 클라이언트에게 제안서를 보낼 때는 기대감에 들뜨고, 새로운 클라이언트를 확보했을 때는 기쁜 마음에 행복하고, 계약이 취소되면 속상함에 낙담한다. 이러한 단계 각각에서 우리는 용기를 북돋우거나 축하하는 등 인간적으로 접근하며 고객의 니즈에 맞춰 다르게 소통할 수 있다.

어디서 프리랜서는 작업 시간의 대부분을 집, 커피숍, 공유 오피스, 공항 등 다양한 공간에서 컴퓨터 앞에 앉아 일을 한다. 한편 사진작가나 영상 제작자처럼 '야외에서' 많은 시간을 보내는 일부 직군도 있다. 따라서 나는 이런 프리랜서는 현장 작업 중이든 어디서든 스마트폰으로 비즈니스를 실시간 관리할 수 있는 유연성을 가치 있게 생각할 것이라 가정한다.

니즈 우리 프로덕트가, 특히 대시보드가 충족시켜주려는 주요 니즈는 프리랜서가 자신의 비즈니스를 스스로 통제할 수 있게 해주는 것이다. 이를 위해서는 프리랜서가 우리 프로덕트를 통해 아래의 질문에 대한 답을 찾을 수 있어야 한다.

- 내 비즈니스가 수익을 창출하고 있을까?
- 미래의 작업 계획을 어떻게 세워야 할까?
- 내 비즈니스를 성장시키기 위해 지금 나는 무엇을 할 수 있을까?

4단계: 아이디어를 목록화하라(무엇을)

앞서 열거한 전문가들이 작업 시간 대부분을 컴퓨터와 씨름한다는 점에서 나는 우리의 핵심 프로덕트는 웹 앱이어야 한다고 생각한다. 웹 앱 대시보드는 프리랜서의 주무대인 컴퓨터 공간에서 사용되고, 프리랜서에게 자신의 비즈니스를 관리할 수 있는 최상의 경험을 제공할 것이다. 또한 이 앱은 모바일 경험도 제공해야 한다. 고객이 컴퓨터를 사용할 수 없는 환경에서도 자신의 비즈니스 상태를 계속 추적하고 필요한 액션을 제때에 수행하도록 해줄 필요가 있어서다.

5단계: 아이디어의 우선 순위를 정하고 하나를 선택하라

이미 4단계에서 무엇을 만들지 결정했다.

6단계: 솔루션을 만들어라

우리가 빌드하는 대시보드는 프리랜서 비즈니스 관리 앱의 주요 엔트리 포인트다. 이렇게 볼 때 나는 대시보드가 충족시켜야 하는 목표가 크게 두 가지라고 생각한다.

- 정보와 관련된 목표(비즈니스 성과에 대한 개요를 제공한다)

- 내비게이션과 관련된 목표(앱의 주요 영역과 액션 모두에 대한 빠른 접근을 제공한다)

정보와 관련된 목표는 어떻게 달성할 수 있을까? 나는 앞서 확인한 세 가지 니즈를 충족시켜주면 된다고 생각한다.

- **내 비즈니스가 수익을 창출하고 있을까?** 재무 상태를 제공한다.

- **미래의 작업 계획을 어떻게 세워야 할까?** 모든 프로젝트의 상태를 알려준다.

- **내 비즈니스를 성장시키기 위해 지금 나는 무엇을 할 수 있을까?** 액션 아이템을 제안한다.

나는 위의 세 항목 각각에 대해 하나씩 총 세 개의 콘텐츠 영역을 구축하되(그림 3-18), 프로젝트 영역을 맨 앞에 위치시키고 싶다. 이것이 프리랜서의 일상적인 작업에 추진력을 제공하기 때문이다. 반면, 액션 아이템 영역은 비어 있는 시간이 많을 수 있고, 따라서 이 영역은 페이지에서 가장 눈에 띄지 않는 곳에 배치해도 된다.

세 영역 각각과 내비게이션 영역에 포함시켜야 하는 정보를 더 정확히 이해하기 위해 프리랜서가 프로젝트를 관리하는 워크플로를 세분화하면 좋다.

그림 3-18 대시보드 콘텐츠 영역

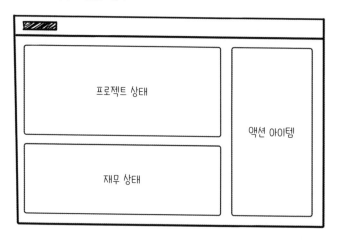

먼저 내비게이션 영역부터 시작해보자(그림 3-19). 반드시 알아야 하는 것은 프리랜서의 워크플로에 포함된 모든 것은 특정 클라이언트 및 프로젝트와 관련이 있다는 사실이다. 다시 말해, 클라이언트와 프로젝트는 프리랜서가 수행하는 모든 일에서 필수적인 두 개의 빌딩 블록이다. 그러므로 나는 프로젝트와 클라이언트에 대한 빠른 접근을 허용할 것이다.

프리랜서의 최종 목표는 프로젝트를 종결하고 용역 제공에 대한 보수를 받는 것이다. 이 목표를 달성하려면 프리랜서는 아래의 주기(週期)를 따를 필요가 있다.

- 제안서를 작성한다.

- 서면 계약서를 작성한다.

- 작업 시간을 빠짐없이 기록한다.

- 모든 비용을 기록한다.

- 외주비 계산서를 발행한다.

- 외주비를 정산받는다./외주비 결제 상태를 추적한다.

그림 3-19 사이드바 내비게이션이 포함된 대시보드의 마스터-디테일 레이아웃

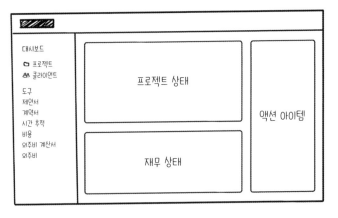

프리랜서는 모든 클라이언트나 프로젝트와 관련하여 이러한 각 단계에 자주 접근할 필요가 있을 것이다(가령 최근에 제출한 모든 제안서 또는 최근에 수령한 모든 외주비를 확인하는 식이다). 따라서 프리랜서가 앱의 어디에서든 쉽게 접근할 수 있도

록 이런 단계 모두를 프라이머리 내비게이션(Primary Navigation)에 포함시켜보자. 다만 항목이 많아 헤더에는 적합하지 않을 것이므로 이 목록을 마스터-디테일 레이아웃의 일부로써 사이드바에 세로형 메뉴 아이템으로 포함시키면 된다.

내비게이션 영역을 해결했다면 이제는 대시보드의 콘텐츠 영역을 구축해보자. 이 영역에는 어떤 콘텐츠가 포함되어야 할까(그림 3-20)?

- **재무 상태** – 프리랜서는 '자신의 비즈니스가 수익을 창출'하는지 확인하기 위해 두 가지 핵심 질문에 답할 필요가 있을 것이다.

  - **나는 잘하고 있을까?** 프리랜서가 이 질문에 답할 수 있도록 재무와 관련해 당월(當月)에 발생한 수치 전부(미정산 외주비, 정산 외주비, 비용, 체불 외주비)를 보여주는 방법이 있다. 한 가지 더, 이런 지표 각각은 프로덕트에서 관련된 부분과 연결되어야 한다.

  - **나는 성장하고 있을까?** 이 달의 통계 수치를 전달의 실적과 다음 달의 예상치를 비교해 보여주어라. 특히 최종 결산 손익을 알려줄 세 가지 핵심 지표인 총 수입, 총 비용, 순 수익으로 이뤄진 그래프를 사용하면 이런 비교를 일목요연하게 보여줄 수 있다.

- **프로젝트 상태** – 제안서 작성부터 외주비 정산까지 프로젝트의 전체 주기에 대해 이미 알아보았다. 단계는 시간 순으로 발생하므로 각 프로젝트를 타임라인 상에 위치시키면 좋다. 이러한 타임라인은 프

로젝트 각각이 어떤 단계에 있고, 프리랜서가 다음에 해야 하는 일이 무엇인지에 관한 개요를 한눈에 보여줄 것이다.

● **액션 아이템** – 프로젝트를 진척시키기 위해 추천되는 후속 단계가 포함된 업데이트 목록이다. 예를 들어 1주일 전에 작성되었지만 클라이언트가 아직 서명하지 않은 계약서에 대해 클라이언트에게 연락하기, 클라이언트가 요청한 내용을 반영하여 제안서 업데이트하기 등이다.

고객이 어느 화면에서 작업하고 있든 유용할 수 있는 두 가지 기능이 있다. '타이머 시작'과 '검색'이다. 앱 전체에서 이 두 기능에 접근할 수 있도록 두 기능을 헤더에 위치시키면 좋다.

그림 3-20 세 개의 콘텐츠 영역으로 구성된 대시보드: 재무 상태, 프로젝트 상태, 액션 아이템

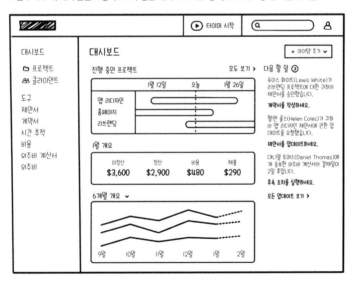

이뿐만 아니라 아이템을 새로 만들 때 필요한 가장 보편적인 액션들에 대한 빠른 접근을 제공하는 데에도 대시보드를 사용할 수 있다(그림 3-21).

- 제안서

- 비용

- 외주비 계산서

- 계약서

- 프로젝트

- 클라이언트

그림 3-21 주요 기능에 빠르게 접근하게 해주는 콜투액션 버튼 드롭다운

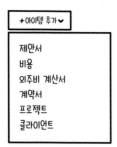

모바일 버전은 어떨까? 나라면 콘텐츠를 재구성(reorganization)할 것이다(그림 3-22).

그림 3-22 모바일 버전의 대시보드

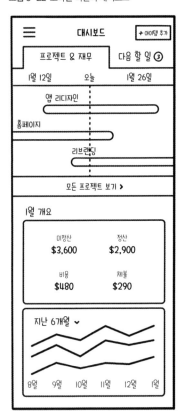

- 내비게이션을 햄버거 메뉴로 최소화한다. 물론 일반적으로 볼 때 햄버거 메뉴가 내비게이션의 발견성을 저해하는 부작용이 있지만 장점도 확실하다. 고객이 모바일 앱에서 사용할 가능성이 가장 높은 액션들을 노출시켜주는 역할을 한다. 따라서 나는 햄버거 메뉴가 적절한 솔루션이라고 생각한다.

- '다음 할 일' 탭을 별도로 만든다. 이렇게 하면 업데이트 개수를 화면 최상단에서 명확히 보여주는 효과가 있다. 이것은 고객의 시선을 사로잡을 것이므로 고객은 자신의 비즈니스 상태에 관한 중요한 모든 업데이트를 한눈에 확인할 수 있다.

프리랜서 비즈니스 관리 대시보드가 각각의 맞춤화된 솔루션으로 니즈를 충족시켜줄 수 있는 오디언스는 누구일까? 대략 세 부류로 특정할 수 있다.

- 초보 프리랜서는 사업을 시작하고 생애 첫 계약서 작성이나 외주비 계산서 발행에 관한 지침을 얻을 수 있다.

- 현역 프리랜서는 자신이 예전에 사용했던 도구로부터 데이터를 가져오는(import) 방법에 관한 조언을 받을 수 있다.

- 리테이너 계약자는 통상적으로 단골 클라이언트가 있어 일감을 안정적으로 공급받고 수입이 꾸준히 발생한다. 즉, 프리랜서 비즈니스 관리 대시보드 같은 솔루션은 리테이너 계약자에게 큰 도움이 되지 않을 것이다. 게다가 리테이너 계약자는 소수이므로 이번 솔루션에서는 이 집단은 고려하지 않았다. 하지만 최종 프로덕트에서는 리테이너 계약자의 독특한 니즈를 충족시켜주는 방법을 고안할 수도 있다.

7단계: 성공을 측정하라(어떻게)

- '다음 할 일' 액션 완료율 – 이 대시보드가 프리랜서에게 프로젝트를 신속하게 진척시키고 비즈니스를 빠르게 성장시킬 방법을 성공적으

로 제공했는지 알려준다.

- 이 디자인을 출시한 전후, 두 차례에 걸쳐 대시보드에 관한 설문 조사를 실시한다. 고객에게 아래의 세 문항에 '전혀 그렇지 않다–그렇지 않다–보통이다–그렇다–매우 그렇다'는 식으로 만족도를 답변해 달라고 요청한다.

  ○ 이 앱은 내 비즈니스가 수익을 창출하고 있는지 이해하도록 도와준다.

  ○ 이 앱은 내가 미래 작업 계획을 어떻게 세워야 하는지 이해하도록 도와준다.

  ○ 이 앱은 내 비즈니스를 성장시키기 위해 지금 무엇을 할 수 있을지 이해하도록 도와준다.

대시보드는 프로덕트 전체의 핵심 성과 지표들에 영향을 미칠 것이다. 이는 곧 그런 지표 자체가 프로덕트의 성공을 측정하는 유익한 도구를 제공할 것이라는 뜻이다. 프로덕트의 성공을 측정하기 위해 내가 선택한 지표는 아래와 같다.

- 프로젝트 완료율

- 프리랜서의 성장(수익 증대)

- 장기적인 리텐션

- 참여(액션 이행률로 측정된다)

- 순수 고객 추천 지수

3.4

일차보건의료 개선

실기 문제: 일차의료는 보건의료 서비스에 대한 접근성 강화, 건강 결과 개선, 내원 환자 감소 등과 관련이 있다. 또한 특정 인구 집단 내에서의 더욱 공평한 보건의료 분배와도 연결된다. 미국 보건의료 시스템의 현주소는 일차의료 인력의 심각한 부족과 불평등한 분배다. 일차의료의 접근성을 향상시킬 수 있는 디지털 프로덕트를 디자인하시오.

오디언스별로 맞춤화된 다양한 프로덕트로 해결할 수 있는 이 과제는 모든 종류의 실기 테스트, 즉 화이트보드 세션, 온사이트 실기 시험, 재택 문제 등에 두루 사용해도 된다.

이번 과제에서 내 목표는 모든 과제 유형에 두루 적용할 수 있는 '만능' 솔루션을 만드는 것이다. 이런 점에서 나는 대개 하이 피델리티 최종 산출물이 요구되는 재택 테스트에도 사용할 수 있을 만큼 매우 상세한 솔루션을 구축한다. 따라서 화이트보드 세션과 온사이트 실시 시험에서는 내가 제안하는 솔루션보다 좀 더 단순해도 괜찮을 것이다.

1단계: 당신의 목표를 이해하라(왜)

일차의료는 공중 보건에서 중추적인 역할을 한다. 일차의료 의사는 의료의 관문을 지키는 문지기(gatekeeper)이며, 기존 질환이나 미래 질병 예방의 경우 첫 의료 서비스를 제공하는 주체다. 이토록 막중한 임무를 수행하는 의사가 진료하는 환자 수와 환자 1인당 진료 시간이 증가한다고 생각해보자. 그들이 암, 뇌졸중, 심장질환처럼 장기적으로는 심지어 생명을 위협할 정도로 치명적인 질병을 포함해 심각한 상황을 예방할 수도 있다.

환자와 일차의료 의사가 대면과 비대면으로 만날 수 있는 기회를 늘려주는 디지털 프로덕트가 있으면 크게 세 가지 효과가 예상된다. 사람들의 삶의 질이 향상되고, 귀중한 생명을 구할 수 있다. 그리고 보건의료 시스템이 수십억 달러를 절감하는 결과도 기대해볼 만하다.

2단계: 오디언스를 정의하라(누가)

이 프로덕트의 핵심적인 타깃 오디언스는 일차의료 기관 종사자와 환자다.

- 일차의료 의사
- 간호사
- 일차의료 기관 접수 직원
- 환자

이들 중에서 나는 두 집단에 초점을 맞추려 한다.

- **환자** – 이 프로덕트를 통해 궁극적으로 더 나은 서비스를 제공하고 싶은 주요 오디언스다.
- **일차의료 의사** – 이들 전문의의 진료 시간은 모든 의료 인력 중에서 가장 값비싼 자원이다. 고로 이 자원을 최적화하는 프로덕트를 만들면 일차의료 접근성 증가에 가장 중대한 영향을 미치는 지름길일 수 있다.

3단계: 고객의 컨텍스트와 니즈를 이해하라 (언제 그리고 어디서)

환자와 보건의료 시스템 간의 상호작용을 시작하는 주체는 건강상의 우려나 실제 건강 문제가 있는 환자다. 따라서 나는 환자의 관점에서 일차의료 경험을 탐구하겠지만 일차의료 기관도 질병 예방을 위해 더욱 적극적으로 행동할 필요가 있음을 간과하지 않을 것이다.

환자의 컨텍스트

- **시간** – 의료기관과의 상호작용은 건강상 문제가 있는 환자가 시작하고, 이것은 1주일 7일 하루 24시간 언제라도 발생할 수 있다.

- **장소** – 환자는 집, 일터, 이동 중에도 어디서나 진료를 예약한다. 그리고 보통은 예약일에 의료기관을 직접 찾아가 원무과에서 접수하고 대기실에서 기다리다가 진료실에서 의사를 만난다.

- **감정** – 불안감, 불확실성

일차의료 기관의 서비스를 이용하는 환자의 기본적인 니즈는 대개의 경우 아래의 조건에 부합하는 의사에게 치료받는 것이다.

- 실력이 뛰어나다.

- 친숙하다.

- 진료비가 적정하다.

- 지리적으로 가깝다.

- 대기 시간이 짧다.

- 편리한 시간을 예약할 수 있다.

이러한 환자의 컨텍스트와 니즈를 바탕으로 몇 가지 유저 스토리를 만들어보자.

- 환자로서 나는 내가 가입한 의료보험으로 이번 진료비가 보장되는지 알고 싶다. 만약 보험 적용이 안 된다면 내가 금전적으로 감당할 수 있는 수준인지 판단하기 위해 예상 진료비를 알고 싶다.

- 환자로서 나는 내 건강 문제를 믿고 맡길 수 있도록 꼭 유능한 의사를 찾고 싶다.

- 환자로서 나는 응급 치료가 필요할 수도 있으니 가능한 한 빠른 시간 안에 예약하고 싶다. 적절한 치료 시기를 놓쳐 건강이 악화되는 것을 바라지 않는다.

- 환자로서 나는 일을 빠지지 않아도 되는 편리한 시간으로 진료를 예약하고 싶다.

- 환자로서 나는 의료기관에서 머무는 시간을 가급적 최소화해서 다른 환자들의 질병에 감염될 가능성을 줄이고 싶다.

- 환자로서 나는 의사를 만나기 전에 내 건강 상태를 개선하려는 노력을 할 수 있는 방법이 있는지 미리 알고 싶다.

- 환자로서 나는 최적화된 치료를 받고 싶고, 의사는 이를 위해 필요한 세부 사항과 맥락을 알아야 한다. 그래서 나는 내 건강 상태와 관련해 적절한 모든 정보를 사전에 의사에게 반드시 전달하고 싶다.

- 환자로서 나는 불필요한 불안과 걱정을 피하고 싶으므로 내 건강 상태에 대해 가능한 한 빨리 알고 싶다.

아래처럼 환자가 의료기관을 찾는 가장 보편적인 이유를 목록화하면 유익할 수도 있다.

- 처방전 갱신

- 종합 건강 검진

- 혈압 이상 증상

- 일터에 제출할 진료 확인서(Sick Note)

- 요통

- 정신 건강

- 당뇨병

- 예방 접종

보다시피 위 목록 중 많은 내원 이유는 예방이 가능하므로 솔루션은 이 사실을 반드시 고려해야 한다.

4단계: 아이디어를 목록화하라(무엇을)

1. **일차의료 의사 마켓플레이스** 일차의료가 필요할 때 인근의 일차의료 의사들에 관한 리뷰, 평점, 진료비 등을 확인할 수 있게 해주는 웹사이트와 모바일 앱

2. **주문형 플랫폼을 통한 의사 조언** 환자가 컴퓨터나 스마트폰으로 언제 어디서든 요청할 때마다 원격 진료 제공 의사와 주고받는 텍스트 채팅 또는 음성 채팅. 이것은 단독 프로덕트거나 특정 의료기관의 화이트 레이블[7]일 수도 있다.

3. **영상 그룹 진료** 일차의료에 공유 경제 구조를 접목시킨 것. 일차의료 의사와, 최근에 증상이 발현했든 만성적이든 예방 가능한 동일 질병의 환자군을 연결시켜주는 모바일 앱을 구축한다. 일차의료 의사는 요통 완화, 당뇨병, 피부 질환, 정신 건강, 금연 등의 건강상 문제에 관해 그룹 진료를 제공할 수 있다. 이렇게 하면 진료비가 저렴해지고 접근성이 증대되는 순기능이 생긴다. 이뿐만 아니라 이후에 더 비싼 치료가 필요한 질병을 예방하는 효과도 기대해볼 만하다. 이것은 의료기관을 위한 화이트 레이블 플랫폼으로도 단독 플랫폼으로도 가능하다.

4. **일차의료 기관의 예약 일정 관리 시스템 개선** 이것은 환자 스스로가 사전에 예약해야 하는 이유를 확인하게 해주는 기능에 더

---

7 [역주] White Label. 제품이나 서비스를 생산하는 회사와는 별도로 유통과 판매를 맡은 회사들이 자사 브랜드를 붙여 판매하는 형태, 또는 여러 회사가 각각 자사의 브랜드를 붙일 수 있도록 만든 제품이나 서비스를 말한다.

해 아래와 같은 혜택도 있을 것이다.

- 간호사가 처리할 수 있는 문제를 분류하여 의사의 시간을 절약한다.

- 의사가 대면 진료에서 통상적으로 요청하는 사전 정보를 제공하되 불확실한 대답은 별도로 표시한다.

- 환자가 내원하기 전에 자신의 건강 상태를 개선하는 데에 도움이 되는 자가 치료 정보를 제공한다.

5단계: 아이디어의 우선 순위를 정하고 하나를 선택하라 ──

잠재적인 솔루션 각각의 타당성(feasibility)을 측정하기 위해 임팩트/노력 매트릭스에 모든 솔루션을 위치시켜 보자(그림 3-23). 첫 번째와 두 번째 솔루션은 이미 어느 정도 상용되는 서비스로 구현하기에도 비교적 수월하다. 하지만 둘 다 네 번째 솔루션과 마찬가지로 임팩트가 낮고, 특히 네 번째 솔루션은 구현조차도 상대적으로 어렵다는 단점까지 있다.

나는 임팩트 측면에서는 세 번째 솔루션이 가장 강력하다고 생각한다. 물론 이와 같은 혁신적인 콘셉트를 구현하려면 많은 노력이 필요할 것이야 뻔한 사실이다. 결과적으로 말해 나는 이 유형의 프로덕트가 아직 존재하지 않는다는 점에서 세 번째 솔루션을 구현하기로 했다. 더욱이 이 프로덕트는 최초 진입자 우위를 차지할 수 있는 새로운 시장을 창조할 가능성도 있다.

그림 3-23 4단계에서 결정한 아이디어 각각의 타당성을 측정하기 위한 임팩트/노력 매트릭스

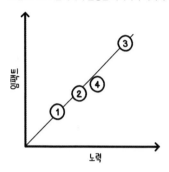

6단계: 솔루션을 만들어라

먼저 가정 하나를 세워보자. 의사는 매주 수차례에 걸쳐 각기 다른 환자에게 동일한 증상에 대해 동일한 내용을 반복해서 설명한다는 가정이다. 그렇다면 이 과정을 최적화시킬 좋은 솔루션은 무엇일까? 이러한 환자를 동일 집단군으로 묶어 문제의 건강 상태에 관해 이야기해줄 의사와 연결시켜주고, 그 다음 추후에 그룹으로 진료 받을 수 있는 기회를 제공하는 것이다. 특히 환자는 스마트폰을 통해 비대면 그룹 진료에 원격으로 참가

할 수 있으므로 직접적인 대면 진료보다 의지와 노력의 강도가 줄어들어 결국 진입 장벽이 낮아지게 된다.

공유 진찰제는 이미 시행되고 있다. 미국의 경우 일차의료 의사의 약 10%는 환자에게 각자와 비슷한 건강상 문제를 가진 사람들과 그룹으로 진료를 받을 수 있는 선택지를 제공한다. 나는 각 의료기관이 환자들을 위해 그룹 진료 시스템을 구축하고, 또한 집단 환경의 진료를 시작하게 해주는 화이트 레이블 프로덕트를 구축할 생각이다.

당연한 말이지만 일차의료 의사도 이 프로덕트를 사용하게 된다. 하지만 나는 이번 테스트 과제에서는 우선적인 오디언스를 환자로 선택하고, 환자의 관점에서 그룹 진료 경험을 설명할 계획이다. 앱의 UI 플로를 구축하기 위해 가장 먼저 환자가 앱을 성공적으로 사용하기 위해 필요한 단계를 설명하는 사용자 태스크를 정의해보자.

- 앱을 연다.

- 의료기관에 등록된 환자의 자격 증명으로 로그인한다.

- 원하는 진료 프로그램을 선택한다.

- 예약 가능한 시간대를 확인한다.

- 편리한 시간대를 선택한다.

- 결제한다.

- 진료 개시 알림을 받는다.

- 앱을 연다.

- 진료에 참가한다.

- (선택) 질문하기를 요청한다.

  ○ 의사가 요청을 승인하면 영상 진료에 참가해 질문한다.

앱의 초기 화면은 이 앱의 목적을 명확히 알려주어야 한다. 설명 동영상을 포함하는 것도 생각해볼 만하다. 또한 초기 화면은 해당 서비스의 가치 제안도 강화할 필요가 있다(그림 3-24).

- 시간과 돈을 절약한다.

- 미래 질병을 예방한다.

- 나머지 그룹 진료 참가자들로부터 배운다.

환자는 평소 다니는 의료기관의 서비스를 온라인으로 접속할 때 사용하는 동일한 자격 증명으로 로그인할 수 있어야 한다. 한편 로그인 자격 증명이 없는 환자는 계정을 만들거나 해당 의료기관의 회원으로 가입하도록 해줄 필요가 있다.

그림 3-24 환자에게 프로덕트의 가치 제안을
보여주는 로그인 화면

그림 3-25 환자에게 제안하는 그룹 진료 목록
을 보여주는 메인 화면

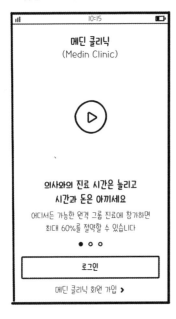

인증이 완료되고 나면 메인 화면은 환자에게 가장 적절한 진료
프로그램을 제안한다(그림 3-25). 일차의료 기관을 위한 화이
트 레이블 프로덕트를 구축하면 환자의 의료 데이터에 접근할
수 있는 권한을 갖게 되므로 아래의 세 가지 조건을 토대로 적
절한 진료 프로그램을 제안할 수 있다.

- **일차의료 의사 조언** – 이것은 의사가 환자와의 대면 진료에서 내린
  진단을 바탕으로 결정된다. 예컨대 의사는 우울증으로 진단한 환자

가 자신의 건강 상태를 정확히 이해하도록 도와주기 위해 그룹 진료에 참가하도록 조언하는 식이다.

- **기존 병력** – 가령 허리 통증을 호소한 이력이 있는 환자에게는 자연스럽게 통증 관리 그룹에 참가하라고 제안할 것이다.

- **위험 인자** – 일례로 고혈압 환자로서 40세 이상에 비만이라면 당뇨병 고위험군으로 분류된다.[8] 이러한 위험 인자를 가진 사람에게는 당뇨병 예방을 위한 예방적 진료 참가가 자동적으로 추천될 수도 있다.

그룹 진료 목록에 포함된 각 프로그램은 환자가 아래의 조건을 토대로 자신에게 맞는 진료인지 스스로 결정할 수 있도록 관련 정보를 제공할 것이다.

- 일정(진료 소요 시간)

- 건강 상태(최근 진단/지속적인 치료/예방)

- 예산(그룹 진료 참가비)

각 프로그램의 예약 화면은 환자가 그룹 진료에 참가할 때의 기대 편익에 관해 더 많은 정보를 게시하고 예약 가능한 시간대 목록을 보여줄 수 있다(그림 3-26).

---

8 "당뇨병 – 증상과 원인(Diabetes – Symptoms and Causes)", 미국의 비영리 종합병원 메이오 클리닉(Mayo Clinic), 2014년 7월 31일 업로드, https://www.mayoclinic.org/diseases-conditions/diabetes/symptoms-causes/syc-20371444

예약 시간대 하나를 선택하고 나면 환자는 결제를 진행하라는 요청을 받게 된다(그림 3-27). 의료기관은 이미 환자에 관한 세부 정보를 확보한 상태이므로 결제는 마찰 없이 자연스럽게 진행되고, 환자는 자신의 월간 의료비 청구서에서 내역을 확인할 수 있다. 물론 이 결제 방식 자체가 하나의 강점이다. 하지만 결제는 오해가 없도록 매우 명확해야 하는 민감한 단계이므로 환자를 위해 설명을 덧붙이는 것이 좋다.

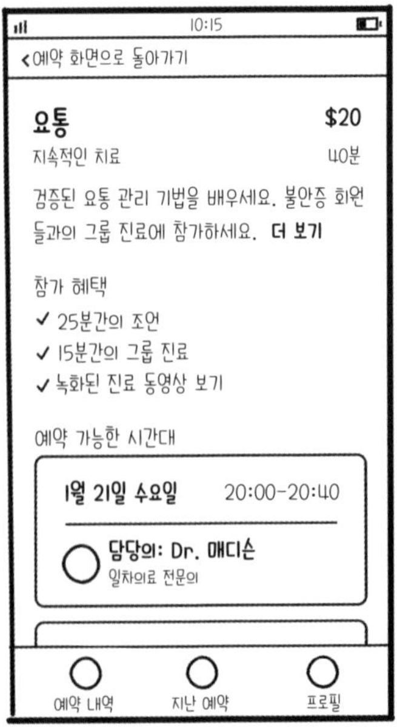

그림 3-26 그룹 진료 프로그램의 예약 가능한
모든 시간대를 포함하는 예약 상세 페이지

그림 3-27 예약 승인 모달

예약이 확정되면 환자가 예약을 잊지 않도록 도와줄 두 가지 기능을 추가할 수 있다. 우선 캘린더, SMS, 푸시 알림 등 각자 편리한 방식으로 미리 알림을 설정하라고 제안해보자(그림 3-28).

그림 3-28 예약 확정 후에 예약 미리 알림 설정을 제안하는 화면

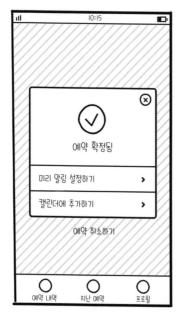

그림 3-29 그룹 진료 시작 직전의 홈 화면

또한 예약이 확정된 후, 홈 화면에서 예약의 개요를 보여줄 수도 있다. 특히 환자가 예약을 기억하고 예약 정보에 빠르게 접

근할 수 있도록 눈에 잘 띄게 보여주는 것이 관건이다. 앱은 예약 시간 30분 전 그리고 진료 시작 시점에 푸시 알림을 전송할 계획이다.

환자가 원격 진료에 참가하면 질문하기 버튼이 포함된 비디오 화면이 보일 것이다. 환자의 질문하기 요청에 의사가 영상 진료 참가를 승인하면 앱은 환자에게 이 사실을 알려준다. 영상 진료 경험은 음소거, 끊기, 비디오 비활성화 등의 옵션을 가진 대부분의 영상 통화 인터페이스와 비슷하다(그림 3-30).

그림 3-30 그룹 진료 경험 – 실시간으로 스트리밍되는 영상 진료 시청과 질문하기

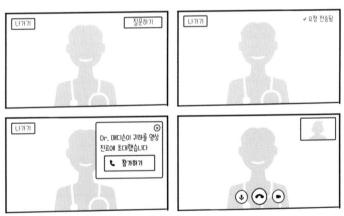

그룹 진료가 끝나면 요약 화면이 나타날 것인데, 여기서 환자는 녹화된 동영상을 시청하는 방법에 관한 안내문과 후속 진료 시간대를 찾기 위한 옵션을 확인할 수 있다(그림 3-31).

그림 3-31 진료 종결 화면

7단계: 성공을 측정하라(어떻게)

그룹 진료 예약 서비스를 제공하는 앱의 성공 여부는 아래의 지표로 판단할 수 있다.

- 그룹 진료 가입 전환

- 영상 진료 참가 요청률

- 그룹 진료 참석률

그룹 진료 콘셉트의 성공을 검증하기 위해서는 아래의 비즈니스 지표를 측정하면 된다.

- 이번 달에 의사 진료를 받은 환자의 증가율

- (장기 지표)질병 예방을 위한 그룹 진료에 참가한 환자가 해당 질병에 걸릴 가능성이 낮아질까?

- (장기 지표)건강 상태가 비슷하게 유지되거나 더 좋아졌는데도 환자의 의료비 지출은 줄어들까?

- (장기 지표)의료기관은 서비스 품질의 저하 없이 환자 1인당 비용이 감소할까?

캔버스

이 실기 테스트에서 프레임워크 캔버스(부록을 참고하라)를 활용해 풀이할 수 있는 방법에 관한 예시를 알고 싶다면 https://productdesigninterview.com/canvas-healthcare를 방문하라. 한국어 버전은 https://github.com/gilbutitbook/080377/canvas-healthcare_ko.pdf를 방문하라.

그림 3-32 렌버스 헬스케어

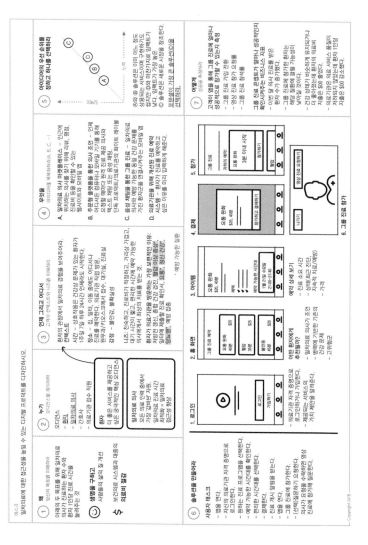

3.5

ATM 경험 개선

실기 문제: ATM 경험을 개선하시오.

라이브 화이트보드 세션에 안성맞춤인 이 테스트는 다양한 해석이 가능한 광의(廣義)의 언어로 출제되었다. 이는 지원자가 과제의 범위를 어떻게 좁히는지 시험하기 위해 의도된 것이다. 지원자와 인터뷰어에 따라 이 문제는 매우 다른 방향으로 접근할 수도 있다. 넓게는 사용자가 금융 서비스와 인터랙션하는 방식을 리디자인할 수도, 좁게는 그저 ATM UI를 리디자인할 수도 있다는 이야기다. 그렇다면 내가 제안하는 솔루션은? 그 중간 어딘가에 해당한다.

인터뷰어와 인터뷰이가 이 테스트 풀이를 어떻게 시작하면 좋을지 예시로 알아보자.

인터뷰어: 우리 테스트는 ATM 경험을 개선하는 것입니다.

지원자: 일반적인 ATM을 사용하는 경험에 초점을 맞추는 것이 좋을까요? 아니면 사용자가 주거래 은행에서 금융 업무를 처리하는 방식에 관한 전체 콘셉트를 재고해야 할까요?

인터뷰어: 모두가 익숙하니 ATM 경험에 초점을 맞추도록 하죠.

지원자: 잘 알았습니다. 그렇다면 특별한 유형의 ATM에 주안점을 두어야 할까요? 가령 은행 지점에 설치된 ATM, 혹은 제3의 사업자가 편의점에서 운영하는 ATM에 초점을 맞춰야 할까요?

인터뷰어: 은행이 소유하고 은행 지점 내부나 건물 외벽에 설치된 ATM을 대상으로 하죠.

1단계: 당신의 목표를 이해하라(왜)

나는 ATM이 테크놀로지의 걸작이지만 ATM을 사용하는 경험은 처음 발명되었을 때나 지금이나 거의 똑같다고 생각한다. 이에

ATM 사용자 경험을 개선함으로써 아래의 결과를 얻을 수 있다.

- 고객에게 더 나은 금융 서비스를 제공한다.

- 고객이 우리 은행의 ATM을 사용할 가능성을 높인다.

- 우리 은행에 대한 고객 충성도를 강화한다.

- 우리 은행은 소외 고객 집단들도 사용하도록 서비스를 확장한다.

- 이런 모든 결과는 다시 우리 은행의 수익 증대로 귀결될 가능성이 크다.

2단계: 오디언스를 정의하라(누가)

ATM 사용자 집단의 특징은 무엇일까?

- 13세 이상 모든 연령층이 사용할 것이다(10대는 부모의 선불카드나 신용카드를 사용한다).

- 극빈층을 제외한 모든 사회 계층이다. 나는 이번 테스트는 선진국에서 사용하는 ATM에 초점을 맞춘다고 가정한다. 선진국에서는 사회 계층을 불문하고 대다수가 직불/신용카드를 소유한다.

맞춤화된 또는 독특한 접근법이 필요할 수도 있는 좀 더 구체적인 집단도 있다.

- **시니어층**은 더러 디지털 프로덕트에서 소외되는데, 시니어는 상대적으로 기술 이해도가 낮기 때문이다. 쉽게 말해 테크놀로지의 약자다. ATM을 사용하는 시니어 계층을 위해 진입 장벽을 낮추는 프로덕트를 만들면 이 프로덕트에 대한 시니어층의 호감도가 상승할 가능성이 있다.

- **관광객/이민자**는 모국어로 ATM을 사용하고 싶을 것이다. 환율과 제반 수수료 모두를 더 정확히 이해할 수 있기 때문이다.

- **10대**는 법적으로 은행 계좌 개설이 허용되기 훨씬 전부터 금융 활동을 시작한다. 이 사실을, 청소년의 니즈를 충족시키고 청소년에게 금융 교육을 제공하는 여러 솔루션을 만들 기회로 활용할 수 있다.

- **장애인** 나는 시각 장애인이나 운동 장애로 거동이 불편한 사람이 ATM을 얼마나 쉽게 사용할 수 있는지는 정확히 모르지만 이러한 신체적 약자에게 더 나은 서비스를 제공할 여지는 충분하다고 가정한다.

3단계: 고객의 컨텍스트와 니즈를 이해하라 (언제 그리고 어디서)

ATM과 관련하여 고객의 보편적인 **컨텍스트**는 다음과 같다.

- 공공장소

- 주간과 야간

- 거리 소음

- 비, 눈, 강렬한 햇빛 같은 다양한 날씨

- 대기 줄 가능성

- 불안감/의심

ATM을 사용할 때 고객의 **니즈**는 대략 일곱 가지로 유추해볼 수 있다.

- 예금 출금(ATM 거래의 80%가 출금이라고 가정할 것이다)

- 공공요금, 전화요금 등 청구서 납부

- 수표나 현금 입금

- 계좌 거래 내역서 출력

- 이체

- 계좌 잔액 확인

- 여타 금융 서비스

보면 알겠지만 위의 니즈 일부는 군이 ATM이 아니어도 은행의 웹사이트나 모바일 앱을 통해 충족할 수 있다. 고로 솔루션에 대해 생각할 때 이 점을 고려하는 것이 좋다.

나는 오늘날 ATM 사용 경험에서 최적화되지 못한 여러 마찰 요소가 있고, 따라서 이러한 요소를 개선하는 프로덕트를 구축할 기회가 있다고 생각한다.

- 비위생적인 키보드와 화면을 접촉한다.

- 대기 줄이 있다.

- 카드 사기 위험이 있다.

- 직불카드 겸용 신용카드를 발급받아야 한다.

- 카드를 소지해야 한다.

- 핀 코드를 기억해야 한다.

- 신체적 약자는 낮은 접근성으로 이용이 불편하다.

4단계: 아이디어를 목록화하라(무엇을)

ATM의 잠재적인 개선 방법에 관한 몇 가지 아이디어를 생각해보자.

1. **인터페이스 리디자인** 명확성과 효율성을 강화한 인터페이스를 구축한다. 이를 통해 대기 줄, 사용 오류, 고객과 ATM 간의 인터랙션 시간 등을 감소시킬 수 있다.

2. **카드가 필요 없는(cardless) 본인 확인** 지문/얼굴/스마트폰 인식

기능을 ATM에 내장시킨다. 이렇게 하면 첫째, ATM 서비스를 사용하기 위해 카드를 발급받거나 휴대해야 하는 진입 장벽이 제거된다. 둘째, 이미 카드를 소지한 고객은 핀 코드를 기억해야 하는 부담이 없어진다.

3. **ATM을 현금 수령/예치/출력 창구로 재정립** ATM은 '물리적'인 거래의 최종 단계, 즉 현금 수령이나 거래 내역서 출력 또는 수표 입금 등을 위해서만 필요할 것이다. 모든 서비스 요청은 사전에 스마트폰으로 이루어질 수 있다.

4. **어린이/청소년을 위한 모바일 앱** 이 앱은 부모가 자녀에게 ATM에서 인출하도록 선불카드를 제공하고 자녀에게 조기 금융 교육을 시켜줄 가능성을 열어준다. 또한 ATM의 새로운 오디언스를 구축하는 효과도 기대된다.

5단계: 아이디어의 우선 순위를 정하고 하나를 선택하라 ——

각 아이디어의 타당성을 판단하기 위해 모든 아이디어를 임팩트/노력 매트릭스에 위치시켜보자(그림 3−33). 인터페이스 리디자인(#1)은 가장 신속하게 실현시킬 수 있는 개선 방법이다. 하지만 나는 카드 미소유자도 ATM을 사용할 수 있게 해준다는 점에서 #2와 #3 아이디어가 마음에 든다. 지금 당장은 카드 미소유자의 ATM 사용이 은행의 이익과 무관할 수 있다. 하지만 이것은 확실한 긍정적인 효과들이 있다. 무엇보다 고객 경험을 개선시키고 경쟁 은행들과 차별화되어 경쟁 우위를 갖게 해준다. 이뿐만 아니라 카드 사기의 위험을 감소시키고, 이는 고객과 은행 모두에게 윈-윈이다.

그렇다면 #4 아이디어는 어떨까? 이 아이디어의 규제적인 측면은 장담할 수 없지만 어쨌든 규제적인 어려움을 완전히 배제할 수 없으므로 고려 대상에서 제외시키는 것이 좋겠다.

그림 3-33 4단계에서 찾은 아이디어 각각의 임팩트/노력 매트릭스

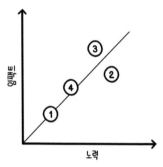

#3 아이디어는 임팩트가 가장 강력한데, 크게 다섯 가지 장점을 갖기 때문이다. 카드를 소유하거나 소지할 필요를 없애주고, ATM과의 인터랙션을 최소화시키고, 대기를 줄여주고, ATM

에 대한 접근성을 높여주고, 카드 사기 위험을 감소시켜주는 것이다. 따라서 나는 이 아이디어에 기반한 최종 솔루션을 만들 생각이다.

6단계: 솔루션을 만들어라

먼저 이 솔루션의 범위를 정하는 것으로 시작하자. 이것은 오늘날 보편적인 ATM 사용 방식을 대체하는 것이 아니라 (적어도 당장은 아니다) 기존 ATM 경험을 강화하는 방법을 제안하는 것이 목표다.

이제는 이 솔루션의 사용자 경험을 간략히 설명하는 스토리보드를 만들 차례다(그림 3-34).

그림 3-34 ATM을 현금 수령/예치/출력 창구로 사용하는 유스 케이스 스토리보드

Ⅰ. 스마트폰으로 금융 서비스
(출금 또는 입금)를 요청한다

2. ATM 앞으로 이동하거나
ATM을 찾아간다

3. 스마트폰으로 본인 확인한다

4. 출금하거나 입금한다

대부분의 은행은 이미 고객이 금융 업무를 처리할 수 있는 모바일 앱을 제공한다. ATM을 통한 금융 서비스 요청은 이런 앱의 일부여도 충분하다. 모바일로 요청하고 ATM에서 수행할 수 있는 '물리적'인 오퍼레이션은 아래와 같다.

- 현금 출금

- 수표와 현금 입금

- 거래 내역서 출력

은행 모바일 앱에서 위의 오퍼레이션 각각과 관련된 영역으로부터 각 경험에 '진입'시켜주는 엔트리 포인트를 생성시킬 수 있다. 예를 들어 계좌 거래 내역서는 고객이 와이파이 네트워크로 연결된 프린터 또는 ATM에서 출력하도록 해주는 '인쇄' 버튼을 포함할 수 있다.

그뿐만 아니라 이런 유스 케이스는 모두 모바일 앱에서 하나의 전용 영역(가령 'ATM' 탭)에 포함되어야 한다. 고객 대부분의 경우 이러한 오퍼레이션은 여전히 ATM과 관련이 있을 것이기 때문이다(그림 3-35).

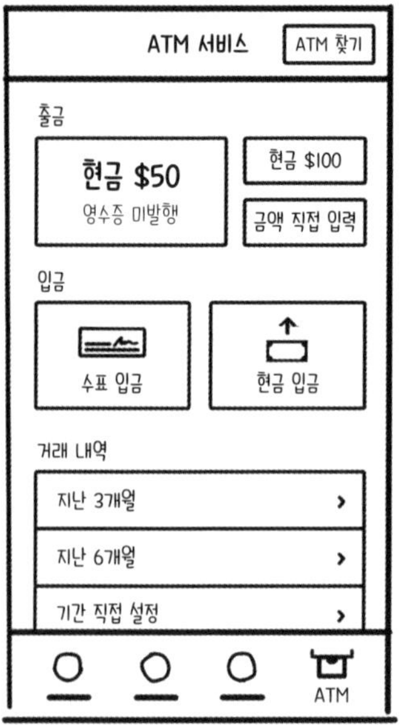

그림 3-35 은행 모바일 앱의 ATM 오퍼레이션 전용 영역

그림 3-36 모바일 앱을 ATM과 연결하기 위한 코드 스캐너

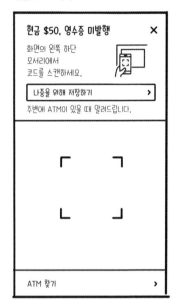

시간이 경과하면서 데이터가 쌓이면, 고객의 습관을 이해하고 이런 관찰 결과를 반영해 이 화면을 조정할 수 있다. 예컨대 대부분의 사람이 거의 언제나 동일 금액을 출금한다는 가정 하에 이 화면에서 동일 금액을 출금할 수 있는 빠른 접근을 제안하는 식이다.

프로덕트를 만드는 입장에서 이상적인 시나리오는 고객이 스마트폰으로 업무를 미리 처리해서 ATM 사용 시간을 최소화하고 대기 시간을 줄이는 것이다(그림 3-36). 고객은 ATM에서 종결할 금융 업무를 '나중을 위해 저장'할 수 있고, 고객이 은행 ATM에 가까워지면 앱이 푸시 알림을 보내줄 수 있다(그림 3-37). 또한 고객이 저장된 업무에 바로 접근할 수 있도록 은행의 앱 위젯과 앱에도 해당 내용이 보일 것이다(그림 3-38).

그림 3-37 ATM이 주변에 있을 때 저장된 업무를 상기시켜주는 알림

그림 3-38 저장된 업무 배너로의 빠른 접근을 허용하는 홈 화면

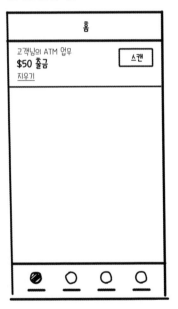

ATM 기기는, 고객이 모바일에서 요청한 업무를 ATM으로 전송하기 위해 모바일과 ATM 사이에 핸드셰이크를 생성시키는 QR 코드를 화면에 띄울 것이다(그림 3–39). 바로 이때 ATM의 언어가 고객의 스마트폰 언어로 바뀌게 된다. ATM이 업무를 처리하기를 기다린 뒤 고객이 현금을 수령하거나 현금/수표를 입금하면 모든 인터랙션이 완료된다(그림 3–40).

그림 3–39 QR 코드를 스캔한 뒤 ATM과 연결되는 모바일 앱

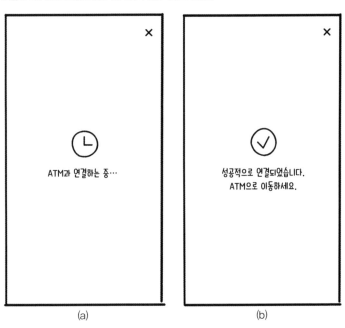

(a) (b)

그림 3-40 출금 요청을 받은 이후의 ATM 화면

모바일 운영 체제는 보이스오버(voiceover)와 글자 크기 확대 같이 접근성을 지원하기 위한 여러 기능이 내장되어 있다. 이렇게 볼 때 나는 이 솔루션으로 ATM 경험의 접근성이 자동적으로 향상될 것이라 믿는다. 이유는 한 가지다. 이 솔루션은 고객이 ATM 기기의 화면과 버튼을 사용하지 않고 스마트폰으로 업무를 처리할 수 있게 해주기 때문이다.

7단계: 성공을 측정하라(어떻게)

아래의 지표로 우리의 리디자인이 성공적인지 확인할 수 있다.

- 이탈률(Churn Rate) − 새로운 경험을 한 번 시도하고, 이후에는 ATM 인터페이스를 다시 사용하는 고객 비율

- ATM 대기자 감소

- 핀 코드 복원 요청 감소

- 카드 사기 감소

- 신체적 약자의 채택률(Adoption Rate)

SOLVING
PRODUCT
DESIGN
EXERCISES

— 4 —

디자인 실기 테스트
완전 정복:
인터뷰어편

이제는 인터뷰어의 입장에서 실기 테스트를 고찰해보자. 인터뷰어가 디자인 실기 문제를 제시하기 전에 반드시 해야 하는 일이 있다. 지원자의 **어떤 기술을 시험하고 싶은지**부터 이해하라. 그리고 어떤 기술을 시험할지 결정하기 위해서는 아래의 두 질문을 고려해야 한다.

- 지원자가 당신의 회사에서 성공하려면 어떤 기술이 필요할까?
- 당신은 지원자가 어떤 기술이 부족하다고 생각하는가?

내가 근무하던 시절 위워크의 R&D 센터 디자인 팀은 종종 두 개의 실기 과제를 출제했다. 비주얼/UI에 초점을 맞춘 재택 실기 테스트와 프로덕트 중심 사고를 시험하는 온사이트 실기 문제였다. 우리는 채용 퍼널(Hiring Funnel)을 최적화하기 위해 나름의 노하우를 개발했다. 지원자가 부족해 보이는 기술을 사용해야 하는 실기 문제를 제일 먼저 시행하는 것이었다. 이런 식으로 지원자의 약점을 먼저 검증함으로써, 적절한 기술이 부족한 지원자를 채용 과정의 초기 단계에서 걸러낼 수 있었다. 각기 다른 관점을 시험하는 실기 테스트 두 개를 사용하는 기법이 내게는 매우 유용하고 효율적이었다. 따라서 나는 프로덕트 디자이너를 채용하고 싶은 누구에게도 이 기법을 자신 있게 추천할 수 있다. 한편 지원자의 입장에서 채용 과정이 너무 길고 지나치게 소모적이지 않아야 한다. 포트폴리오 프레젠테이션이나 디자인 비평 같은 추가적인 평가 단계를 실시할 계획이라면 이와 같은 지원자의 입장도 생각해볼 가치가 있다.

그림 4-1 채용 과정의 초기 단계에서 지원자의 약점을 확인할 수 있는 실기 테스트

재택 실기 테스트

초급 디자이너 채용에서는 지원자가 적절한 툴을 사용해서 개발 가능한 수준의 산출물을 만들어낼 수 있는 시각적 기술과 능력을 보유했는지를 시험하게 된다. 이런 목적을 위해서는 2~7일을 기한으로 하는 재택 실기 테스트를 사용하면 좋다. 다만 한 가지 기억해야 하는 것이 있다. 지원자에게 특정 기한 내에 재택 과제를 풀이해야 한다는 사실을 사전에 반드시 알려줘야 한다. 한편 재택 테스트의 실질적인 풀이 기한은 일반적으로 볼

때 총 4~8시간을 제안하는 것이 적당하다.

지원자에게 어떤 종류의 실기 문제를 출제하는 것이 좋을까? 지원자가 채용될 경우 맡을 역할을 기준으로 선택하면 된다. 가령 당신이 서비스형 소프트웨어(Software as a Service, SaaS) 시스템을 운영한다면 십중팔구는 마케팅 랜딩 페이지가 아닌 대시보드 디자인 과제를 출제하고 싶을 것이다. 백문이 불여일견, 재택 실기 테스트 예시 하나를 살펴보자.

> 당신이 필요하다고 생각하는 신생 마켓플레이스의 랜딩 페이지를 디자인하시오(모바일 버전을 포함하시오). 시간적 여유가 있을 시, 이 마켓플레이스에서의 구매 플로를 디자인하시오.
>
> 키노트 프레젠테이션, 인터랙티브 프로토타입, JPG 파일 등 당신이 원하는 방식으로 솔루션을 프레젠테이션하시오.
>
> 가능하다면 개발자들이 곧바로 개발에 착수할 수 있는 스케치 파일을 제출하시오.

거리상 대면 프레젠테이션이 어려운 원격지의 지원자에게는 이런 종류의 테스트를 수행하고 이후 영상 통화로 프레젠테이션하도록 요청해도 된다.

재택 실기 테스트와 관련하여 반드시 유념할 것이 있다. 잠시 1장의 기억을 더듬어보자. 온사이트 실기 테스트에서 프로덕트 중심 사고 외에 검증할 수 있는 여러 기술이 있다. 커뮤니케이션 기술, 비판적 사고력, 질문하는 능력, 피드백과 비판을 다루는 기술, 압박감이 큰 환경에서 성취를 이루는 능력이다. 재택 실기 테스트 하나만으로는 지원자의 이러한 능력을 검증하기 불가능할 것이다. 또한 팀이 매일 협업하고 싶은 동료의 자질을 갖추었는지에 대한 판단도 사정은 비슷하다. 재택 문제만으로는 확실히 한계가 있을 수밖에 없다.

온사이트 실기 테스트

지원자의 프로덕트 중심 사고를 시험할 수 있는 두 가지 선택지가 있다. 하나는 라이브 화이트보드 세션이고, 다른 하나는 지원자에게 조용한 공간에서 한 시간 동안 솔루션에 대해 생각한 다음 아이디어를 프레젠테이션하라고 요청하는 것이다.

해당 직무를 위해 지원자가 갖추어야 하는 필수 기술은 라이브 화이트보드 테스트를 통해 검증할 수 있다. 하지만 나는 이런 종류의 테스트는 주로 책임 디자이너 직급과 생애 첫 디자인 면접의 지원자로 국한해야 한다고 생각한다. 개중에는 솔루션에 대해 조용히 생각할 시간이 더 많이 필요하고, 또한 낯선 사람 앞에서 익숙하지 않은 문제를 푸는 것에 압박감을 느낄 수 있는 디자이너도 있다.

온사이트 인터뷰에서는 솔루션(들)과 사고 과정뿐 아니라 구체화되지 않은 미완 상태의 여타 아이디어까지 토의가 이루어져야 한다. 인터뷰어가 온사이트 인터뷰를 성공적으로 이끌기 위해 참고하면 좋은 몇 가지 가이드라인이 있다.

- 인터뷰어로서 당신은 지원자에게 순서 같은 면접 계획을 명확히 알려주고, 지원자를 편안하게 해주어야 한다. 음료를 준비하고 마커, 종이, 펜, 포스트잇 등도 제공하라.

- 짧은 시간 안에 문제를 풀이하고 더군다나 낯선 사람에게 솔루션을 프레젠테이션하는 것은 힘든 일이다. 특히 지원자가 이러한 프로세스에 익숙하지 않거나 이전 직장에서 이러한 일을 해볼 기회가 없었다면 두말할 필요도 없다. 지원자가 편안한 마음을 갖도록 최선을 다하고 친절하게 대하며 공감을 보여주어라.

- 지원자가 교착 상태에 빠져 앞으로 나아가지 못할 때는 도와주려고 노력하라. 이번 테스트의 목표가 세부 사항 하나를 검증하는 것이 아님을 일깨워주고, 지원자가 덫에 걸린 듯 무기력함을 갖지 않도록 하라.

- 인터뷰나 프레젠테이션 중에 한 차례 반박을 해보고, 지원자가 어떻게 반응하는지 관찰하라.

인터뷰어는 인터뷰가 끝난 후는 물론이고 인터뷰 도중에 지원자를 종합적으로 평가해야 한다. 평가를 일목요연하게 정리할 수 있는 쉬운 방법이 없을까? 아래처럼 지원자에 관한 질문을 스스로에게 해보면 도움이 된다.

- 지원자가 질문을 하는가?

- 지원자는 피드백을 잘 받아들일 수 있는가?

- 지원자는 명확하게 커뮤니케이션하는가? 지원자는 대화하기 편한 상대인가?

- 지원자는 특정한 프로세스를 따르는가? 아니면 곧장 솔루션으로 직행하는가?

- 지원자가 타당한 가정을 세웠는가?

- 지원자는 자신의 솔루션이 회사의 미션과 어떻게 연결되는지 설명하는가?

- 지원자는 타깃 오디언스를 염두에 두는가?

- 지원자는 사용자의 컨텍스트를 이해하고 사용자의 니즈를 정의하는가?

- 지원자는 어떤 방식으로 최상의 솔루션을 선택하는가?

- 지원자는 자신이 제안하는 솔루션의 장점과 단점을 설명하는가?

- 지원자는 가장 확실하고 명백한 솔루션 외에 다른 솔루션(들)을 조사하고 고찰하는가?

- 지원자는 자신의 디자인과 최종 프로덕트의 성공을 측정하기 위한 목표를 설정하는가?

실기 테스트 아이디어는 어떻게 찾아야 할까

실기 테스트 아이디어를 얻는 데에 유용한 몇 가지 방법이 있다.

- **시장 기회를 발굴하라** – 확실한 비즈니스 기회가 있는 시장을 찾아라. 당신에게 익숙한 시장이어도 좋고 당신이 리서치하는 시장이어도 상관없다. 지원자에게 이 시장에서 가치를 창출할 수 있는 프로덕트를 제시하라고 요청하라.

  ○ 예시: 반려동물 케어는 시장 규모가 600억 달러에 이른다. 이러한 종류의 서비스에 대한 수요를 활용할 수 있는 프로덕트를 생각해보시오.

- **해결할 필요가 있는 문제를 조사하라** – 지금 세상에 어떤 문제가 있는지 생각해보라. 딱히 문제가 떠오르지 않을 때 찾아보면 요긴한 리소스가 있다.

  ○ 시엔엔닷컴(CNN.com)을 방문하여 헤드라인을 살펴보라. 지금 당장 사람들을 힘들게 하는 문제면서 디지털 프로덕트로 해결할

수 있는 문제 하나를 찾아라.

○ 새로운 프로덕트를 공유하고 찾을 수 있는 미국의 웹사이트이자 커뮤니티인 프로덕트 헌트(Product Hunt)[1]를 방문하라. 이 플랫폼에 게시된 일부 프로덕트가 해결하려는 문제들을 대상으로 리버스 엔지니어링(Reverse Engineering)을 시도하라.

○ 사람들이 집단 지성에서 스타트업 영감을 얻기 위해 스타트업 아이디어를 공유하고 토론하는 아이디어스워치(IdeasWatch)[2]를 활용하라. 이 커뮤니티에서 사람들이 어떤 문제들을 해결하고 싶어 하는지 조사해보라.

● **선도 기업의 비즈니스 니즈를 조사하라** – 그중 한 기업을 선택하여 지원자에게 디지털 프로덕트로 해결할 수 있는 비즈니스 기회를 발굴하라고 제안하라. 또는 (지표) 개선을 위한 (프로덕트/기능) 리디자인처럼, 특정한 비즈니스 지표를 개선하라고 요청해도 된다.

○ 예시: 스포티파이가 충분한 서비스를 제공하지 못한다고 생각하는 타깃 오디언스를 선택하시오. 이러한 타킷 오디언스를 공략하기 위해 당신은 스포티파이를 어떤 식으로 리디자인하겠는가?

더 많은 실기 테스트 예시는 5장에서 확인할 수 있다.

---

1 "프로덕트 헌트(Product Hunt)", https://www.producthunt.com/

2 "아이디어스워치(IdeasWatch)", http://www.ideaswatch.com/

기업이 자사 프로덕트에 기반한 실기 테스트를
사용하면 안 되는 이유

오늘날에도 디자이너를 채용할 때 자사의 프로덕트와 관련 있는 문제를 테스트 과제로 사용하는 기업이 있다. 새로운 테스트 문제를 만들 필요가 없으니 기업 입장에서는 편리한 방법임에 분명하다. 하지만 개인적으로는 이러한 관행에 좋은 점수를 줄 수 없다. 여기에는 크게 세 가지 이유가 있다.

- 인터뷰와 지원자 사이에 심각한 정보 비대칭 문제가 있다. 인터뷰어는 이 문제에 관한 컨텍스트와 지식이 지원자보다 월등히 풍부할 것이다. 따라서 인터뷰어는 지원자가 도출하는 결과를 객관적으로 심사하기 매우 어려울 수밖에 없다.

- 인터뷰어는 이 프로덕트에 대한 본인의 생각에 영향을 받을 것이다. 구글 벤처스의 디자인 파트너를 지냈고 오늘날 글로벌 건강 문제를 디지털로 해결하는 데에 헌신하는 프로덕트 매니저이자 디자이너인 대니얼 버카(Daniel Burka)가 예전에 이러한 부작용을 쉽게 풀어주었다. "또한 당신은 당신이 관여했던 결정에 심각하게 편향되어 있다. (중략) 결국 당신은 그저 우연일 뿐인데도 당신의 관점과 일치하는 솔루션을 시도하는 지원자를 선택할 것이다."[3]

---

3 "프로덕트 디자인 지원자에게 당신의 프로덕트를 리디자인하라는 요구를 중단하라. 이러한 요구는 불공평하고⋯(Stop asking design candidates to redesign your product. It's unfair and …)", 2014년 9월 29일 미디엄에 업로드, https://medium.com/startup-grind/dont-fool-yourself-testing-job-applicants-on-your-own-product-is-unethical-and-ineffective-8ac6affd73a7

- 윤리적으로 옳지 않다. 지원자가 면접 중에 회사의 기존 문제를 해결하는 것은 무료 컨설팅처럼 느껴질 수도 있다. 특히 지원자가 투자한 시간을 회사가 어떤 식으로든 보전해주지 않을 때는 이런 오해를 불러오기 십상이다.

나는 당신의 프로덕트와 관련 있는 실기 테스트를 출제하는 것은 당신에게도 당신 회사에도 득보다 실이 더 많을 것이라고 생각한다. 요컨대 그러한 테스트는 피하는 것이 최선이다.

SOLVING
PRODUCT
DESIGN
EXERCISES

5

디자인 실기 테스트 완전 정복: 예제 총괄편

5.1

이 책에서 소개한 실기 테스트 총정리

200달러 이상의 물리적인 제품을 위한 랜딩 페이지를 디자인하시오.

***

링크드인은 프리랜서 전용 마켓플레이스를 출시하기로 결정했다. 전문가를 고용하는 플로를 디자인하시오.

***

일차의료 의사를 위한 데스크톱 앱 대시보드를 만드시오.

***

스포티파이에서 소외되는 오디언스 하나를 선택하고, 스포티파이가 이 오디언스에 대한 서비스를 개선할 수 있는 방법을 제안하시오.

✻✻✻

뉴욕시 메트로카드 시스템은 처음 도입된 수십 년 전과 하나도 변하지 않았다. 메트로카드 시스템은 문제가 산적해 있다. 메트로카드 장비 인프라를 구축하는 비용, 메트로카드를 구입하기 위해 줄 서느라 낭비되는 시민들의 시간, 비위생적인 카드 판매기와 접촉해야 하는 시민들의 불편, 높은 분실 위험성 등이 대표적이다. 게다가 대리 결제로 메트로카드 시스템을 쉽게 악용할 수 있는 부작용으로 말미암아 뉴욕시의 누적된 손해가 수백만 달러에 이른다. 한마디로 뉴욕시 메트로카드 시스템은 바람직한 사용자 경험과 거리가 아주 멀다.

뉴욕 지하철을 매일 이용하든, 외지 방문자로 일회 이용하든 모두가 뉴욕시 메트로카드 실물을 소지하지 않고도 마찰 없이 지하철을 이용하게 해주는 새로운 시스템을 디자인하시오.

제한 사항: 이미 시장에 출시된 기술만 사용해야 한다.

***

오늘날 흥미로운 몇 가지 추세가 있다. 전 세계 인구의 54%가 도시 지역에 거주하고, 남성과 여성의 초혼 평균 연령은 각각 29세(20년 전 26세에서 상승)와 27세(20년 전 23세에서 상승)다. 이러한 추세로 볼 때, 도시 거주민은 20대의 대부분을 룸메이트와 동거한다고 해도 과언이 아니다. 하지만 도시 인구가 나날이 증가하기 때문에 좋은 룸메이트를 구하고 유지하는 것은 갈수록 힘들어지고 있는 실정이다.

밀레니얼 세대의 관심을 이끌어낼 수 있고 또한 뉴욕시에서 이상적인 룸메이트를 안심하고 찾을 수 있게 해주는 모바일 프로덕트 경험을 디자인하시오. 아파트와 룸메이트를 동시에 구하려는 사람의 관점에서 모바일 프로덕트 경험을 디자인하시오. 이상적인 룸메이트를 찾고 난 뒤, 룸메이트 경험을 개선하기 위해 이 프로덕트가 또 어떤 도움을 줄 수 있을지 생각해보시오.

우리는 당신이 좋은 룸메이트를 찾고 유지하는 여정에서 발생하는 문제를 확인하고 해결해주길 바란다.

제한 사항: 현재 애플의 iOS와 안드로이드가 지원하는 모바일 기능만 사용하시오.

***

자전거 이용자를 지원하기 위해 웨이즈(사용자 참여형 내비게이션 앱)를 리디자인하시오.

***

스포티파이 모바일 경험을 개선하시오.

***

프리랜서의 워크플로를 개선할 수 있는 프로덕트를 디자인하시오.

***

레스토랑 예약 관리 플랫폼을 디자인하시오.

***

에어비엔비의 새로운 수익원을 창출하는 프로덕트를 디자인하시오.

***

핀터레스트의 리텐션을 개선하시오.

***

어린이용 ATM을 디자인하시오.

***

시각 장애인을 위한 알람 시계를 디자인하시오.

***

자녀를 둔 부모에게 더 나은 서비스를 제공하도록 스포티파이를 리디자인하시오.

***

스포티파이의 공유형 플레이리스트 기능을 디자인하시오. 이 기능은 사용자가, 친구들이 플레이리스트에 추가한 노래를 들을 수 있도록 해주어야 한다.

***

액상 비누와 샴푸 리필용 키오스크를 디자인하시오.

***

미국인의 81%는 책을 쓰고 싶어 한다.[1] 이를 반영하듯이 킨들

---

1 "당신 안에 작가가 있다고 생각하는가? 다시 생각하라(Think You Have a Book in You? Think Again)", 〈뉴욕타임스(New York Times)〉, http://www.nytimes.com/2002/09/28/opinion/think-you-have-a-book-in-you-think-again.html

스토어에서는 1인 출판 전자책이 전체 전자책 매출의 31%를 차지한다. 아마존에서 1인 출판할 수 있고 또한 1인 출판의 진입 장벽을 낮추는 프로덕트를 디자인하시오.

***

프리랜서의 비즈니스 관리 대시보드를 디자인하시오.

***

일차의료는 보건의료 서비스에 대한 접근성 강화, 건강 결과 개선, 내원 환자 감소 등과 관련 있다. 또한 특정 인구 집단 내에서의 더욱 공평한 보건의료 분배와도 연결된다. 미국 보건의료 시스템의 현주소는 일차의료 인력의 심각한 부족과 불평등한 분배다. 일차의료의 접근성을 향상시킬 수 있는 디지털 프로덕트를 디자인하시오.

***

ATM 경험을 개선하시오.

5.2

더 살펴볼 실기 테스트 예제

아마존닷컴이 충분한 서비스를 제공하지 못한다고 생각하는 타 깃 유저 하나를 선택하시오. 이 오디언스의 관심을 유발하기 위 해 아마존닷컴을 리디자인할 수 있는 방법을 제안하시오.

***

반려동물 케어는 시장 규모가 600억 달러에 이른다. 이러한 종 류의 서비스에 대한 수요를 활용할 수 있는 프로덕트를 생각해 보시오.

***

오늘날 세계 인구의 54%는 도시 지역에 거주하고, 도시 인구 비율은 꾸준히 증가해 2050년이 되면 66%에 이를 것으로 추정된다. 전반적인 세계 인구 증가와 도시화로 인해 2050년까지 도시 인구가 25억 명 더 늘어날 수 있다는 전망이 있다. 각국의 중앙 정부와 지방 자치 단체가 이러한 인구 증가 문제에 대처하도록 도와줄 수 있는 디지털 프로덕트를 생각해보시오.

***

전형적인 미국 중산층 4인 가정이 하루에 배출하는 평균 폐기물은 대략 18파운드(약 8킬로그램)에 이른다. 이러한 폐기물 대부분은 매일 쓰레기로 버려지거나 재활용된다. 자신이 버리는 쓰레기에 대한 미국인의 의식을 높이려면 어떻게 할 수 있을까?

이것과 관련하여 테크놀로지가 조력할 수 있는 역할이 있다고 가정하시오. 사용자가 자신의 쓰레기 배출을 관리하도록 도와줄 수 있는 인터페이스를 만드시오. 이 문제에 대한 솔루션을 도출하기 위해 하드웨어와 소프트웨어를 통합시키는 잠재적인 방법에 대해서는 한계를 두지 말고 마음껏 창의력을 발휘하시오.

제한 사항: 현재 시장에 출시되어 있거나 향후 6개월 내 시장에 출시할 수 있는 테크놀로지만 사용해야 한다.

***

게리(Gary)는 밀레니얼 세대로 대학 졸업자면서 IT 분야에서 성공한 30대 미혼 남성이다. 게리는 최근 자신의 주치의를 방문했다가 비만 초기 단계라고 진단받았다.

게리가 디지털 기기(들)을 사용해 자신의 일일 음식 섭취를 추적하고 과식의 징후가 보일 때 개입하고 싶은 마음이 생길 수 있도록, 진입 장벽이 가장 낮은 플로를 디자인하시오. 게리의 생명이 이 플로에 달려 있다.

제한 사항: 반드시 오늘날 사용할 수 있는 기술이어야 하고, 당장 구현할 수 있는 제안이어야 한다.

***

발렌티나(Valentina)는 미국 경제 전문지 《포춘(Fortune)》이 선정한 500대 기업 중 한 곳에서 영업과 비즈니스 개발을 이끌고 있다. 그녀의 일정은 매달 3주가 출장이고, 거의 대부분이 해외 출장이다. 이는 발렌티나가 시간대가 다른 여러 지역을 방문한다는 뜻이다. 게다가 방문 도시마다 **빡빡한** 회의 일정을 소화해야 한다. 따라서 그녀는 일정을 관리하는 것은 물론이고 적절한 시간에 적절한 장소에 참석하기도 여의치 않다.

다양한 시간대를 고려하여 회의 시간을 제안해주고 발렌티나가 항상 회의 시간을 지킬 수 있도록 미리 알아서 작동하는 '스마트 캘린더' 플로와 인터페이스를 디자인하시오.

  제한 사항: 솔루션은 모바일 친화적이어야 하고 현재 상용화된 기술만 사용해야 한다.

***

오디오북과 팟캐스트는 모바일에서 가장 빠르게 성장하는 오디오 세그먼트의 쌍두마차다. 오디오북을 청취하는 사용자는 손으로 책장을 만지고, 강조하고 싶은 문구에 밑줄을 치거나 형광펜으로 표시하고, 마음에 드는 내용에 메모를 남기는 등의 재미를 누릴 수 없다. 또한 사용자는 책 실물을 소유하고 그 책과 함께 나이 들어가면서 느끼는 감성적인 측면도 즐길 수 없다. 이것은 모바일의 바람직한 오디오 경험과 관련해 해결해야 하는 많은 숙제를 안겨준다.

초개인화되고 고도로 인터랙티브하며, 사용자에게 어떤 책보다도 훨씬 더 많은 효용성을 가져다주는 오디오북 또는 팟캐스트 모바일 앱을 디자인하시오.

제한 사항: 현재 상용되는 혹은 현실적으로 볼 때 향후 6개월 안에 개발할 수 있는 기술만 제안해야 한다.

***

스포티파이는 아티스트가 자신의 플랫폼에서 자신의 카탈로그를 통제할 수 있는 권한을 부여하기로 결정했다. 이로써 아티스트가 자신의 앨범을 관리하고, 자신의 노래를 업로드하며, 특정한 굿즈를 판매하고, 노래에 가사를 추가할 수 있는 시대가 열렸다. 게다가 이 모든 것을 자신의 마음대로 할 수 있다.

아티스트가 스포티파이에서 자신의 프레즌스(presence)를 관리할 수 있는 맥 기반의 에디터와 아티스트 관리 시스템을 디자인하시오. 단, 이 솔루션은 아티스트가 스포티파이에 업로드한 기존 콘텐츠 전부를 지원해야 한다. 하지만 아티스트에게 유용할 수 있는 새로운 기능에 대한 창의적인 아이디어가 있다면 얼마든지 추가할 수 있다.

제한 사항: 맥 기반의 데스크톱 앱을 디자인해야 하므로 iOS 가 지원하는 기능만 사용해야 할 것이다. 반면, 이 테스트에

서는 웹과 관련된 기술적인 제약은 적용되지 않기 때문에 이 러한 제약은 무시할 수 있다.

***

구글은 자사의 엔터프라이즈(enterprise) 지메일 인터페이스에 영 업 퍼널[2] 관리 도구를 도입할 가치가 있는지 알고 싶어 한다. 이것은 구글의 엔터프라이즈 솔루션에서 중요한 전략적 결정이 다. 당신이 이것에 관해 구글에게 컨설팅해준다고 가정하시오.

구글의 엔터프라이즈 사용자 대다수는 자신의 이메일 플랫폼에 서 비즈니스 업무를 처리하고, 또한 이 플랫폼에 고객 연락처를 저장한다. 따라서 구글은 사용자를 위해 영업 프로세스의 효율 성과 비즈니스 거래의 성사 가능성 모두를 높일 수 있다고 생각 한다.

구글 엔터프라이즈 사용자의 26%가 매주 영업 활동을 전개하 고, 40%가 어떤 것이든 퍼널 관리(영업, 채용 등의 여타 결정 퍼널)를 수행한다.

---

2 역주 Sales Funnel, 기업의 마케팅 활동과 리드 발굴 활동을 통해 잠재 고객이 유입되어 진짜 고객이 되는 경로를 역삼각형 모양으로 나타낸 영업 프로세스 모델이다.

전형적인 영업 퍼널은 다섯 단계로 구성된다. 마케팅 활동을 통해 발굴한 잠재 고객인 리드(lead), 문의(inquiry), 제품을 통해 발굴한 유망 고객(prospect), 견적(quotation), 첫 구매로 이어진 신규 고객이다.

구글에 퍼널 관리 플로를 추천하시오. 플로는 지메일을 통해 리드와 최초로 접촉하고 그 다음 영업 퍼널 전반에서 그 리더를 관리하는 사용자를 필히 포함해야 한다. 이 외에도 사용자에게 유리한 방향으로 비즈니스 거래가 성사될 수 있도록 구글이 어떻게 도와줄 수 있을지 아이디어를 제안하시오.

***

요가 강사의 고객 관리용 모바일 앱을 디자인하시오.

***

헬스클럽 트레이너가 고객의 운동 계획을 수립할 수 있는 프로덕트를 디자인하시오.

***

함께 휴가를 보낼 친구들이 에어비앤비에서 같이 휴가 계획을 세우고 예약할 수 있는 기능을 디자인하시오.

***

해외 이주에 도움을 주는 프로덕트를 구축하시오.

***

항공기 좌석 등받이 개인 모니터의 UI를 디자인하시오.

──── 6 ────

디자인 리더들의
현실 조언

이번 장에서는 내가 직접 만난 디자인 리더 다섯 명과의 인터뷰를 소개한다. 이들 리더는 각자가 걸어온 디자인 커리어의 다양한 측면에 대해 유익한 많은 통찰을 제공했다. 첫 주자는 바비 고샬(Bobby Ghoshal)이다.

6.1

바비 고샬(Bobby Ghoshal):
디자이너는 마인드셋을
어떤 식으로 바꾸어야 할까

건강관리 플랫폼 캔디드(Candid Co.)의 공동 창업자 바비 고샬은 디자인이 비즈니스에 미치는 임팩트를 탐구하는 하이 레졸루션(High Resolution) 동영상 시리즈를 공동으로 진행하기도 한다. 특히 고샬은 하이 레졸루션 시리즈를 위해 에어비앤비, 스포티파이, 메타, 업무용 메신저 슬랙(Slack), 우버 등의 기업에서 일하는 24명의 디자인 경영자를 인터뷰했다. 이들 경영자가 디자인에 어떤 식으로 접근하고, 디자인을 어떻게 커뮤니케이션하며 어떻게 활용하는지에 관해 의견을 나누고 싶어서였다. 고샬은 캔디드를 창업하기 전, 위워크에서 디자인과 성장 총괄 책임자를 역임했다.

Q: 고샬 씨, 당신의 개인적인 경험과 많은 디자인 경영자의 인터뷰를 통해 얻은 통찰에서 볼 때, 디자이너가 더욱 갈고 닦아야 하는 기술 중 하나는 어떤 것이고, 그 이유는 무엇입니까?

A: 기업이 디자인과의 연관성(relevance)을 구축하는 것은 긴 여정이며, 기나긴 이 길은 비즈니스 인식(business awareness)이라는 블록으로 이루어집니다. 즉, 디자이너는 현재의 비즈니스를 이해할 필요가 있습니다. 나는 비즈니스 감각이 뛰어난 디자이너가 우리 산업의 미래를 짊어질 주인공이 될 것이라 확신합니다. 거두절미하고 말씀드리죠. 우리 프로덕트를 누군가에게 '판매'할 가능성을 높이려면 어떻게 해야 할까요? 우리는 프로덕트 문제에만 집중하는 사용자 경험 디자이너에서 벗어나, 전체 고객 여정의 기틀을 세우는 고객 경험 디자이너로 거듭나야 합니다.

내가 이야기를 해보니 특정 부문의 전문가가 되는 것에 지나치게 집착하는 디자이너가 아주 많습니다. 비주얼 디자인, 모션 디자인, 웹사이트 디자인, 와이어프레임 구축 같은 분야 말입니다. 오늘날은 이러한 작업을 잘하도록 도와주는 디자인 툴 부문에서 캄브리아 대폭발[1]이 벌어지고 있습니다. 그리하여 나쁜

---

1 [역주] Cambrian Explosion, 캄브리아기에 생물들이 갑자기 진화하고 다양해진 사건을 일컬으며 캄브리아 생물 폭발이라고도 한다.

디자인조차 좋은 디자인으로 둔갑시키는 일쯤은 식은 죽 먹기입니다. 솔직히 프로덕트 디자인은 고생길이 아니라 콧노래가 나올 정도로 재미있는 작업입니다. 우리는 완벽한 프로덕트 경험에 집중하면서 매순간을 즐깁니다. 그런데 정작 가장 중요한 것을 망각하고 있습니다…. 바로 고객입니다. 우리는 우리 프로덕트에 관심을 보이는 사람 대부분이 **사실상 진짜 고객으로 전환되지 않고,** 당연히 우리 프로덕트를 경험하지 않는다는 사실을 잊고 있습니다(또는 깨닫지 못합니다).

비즈니스는 어림 잡아 잠재 고객의 90~95%를 놓칩니다. 비합리적인 가격 책정, 부정적인 리뷰, 잘못된 정보에 기반한 브랜드 포지셔닝[2], 부적절한 마케팅, 운영상의 문제, 열악한 고객 서비스 때문입니다. 그런데 알고 보면 이러한 모든 것이 결국은 디자인 문제입니다. 전부 다가 그렇습니다. 마케팅, 운영, 재무, 지원 등의 부문에서 일하는 모든 구성원이 매일 고객 경험과 관련된 결정을 하고 있습니다. 그뿐만 아니라 이들은 잠재 고객이 당신의 프로덕트와 회사를 어떻게 인식하는가에 매우 실질적인 방식으로 영향을 미칩니다. 이렇게 볼 때, 나는 지금 당장 디자

---

2 역주 Brand Positioning. 하나의 제품이나 서비스, 또는 회사를 소비자의 인식 속에 특정한 이미지로 자리 잡게 하는 일이나 전략을 말한다.

이너가 집중해야 하는 가장 명확한 최대 기회가 무엇인지 장담할 수 있습니다. 디자인 프로세스를 활용해 그러한 모든 부문에서 올바른 방향으로 가시적인 변화를 만들어내는 것입니다.

오해하지 마십시오. 마케팅, 재무, 운영 모두가 디자인의 직접적인 지원을 받아야 한다는 말이 아닙니다. 하지만 우리 디자이너는 사내의 이러한 부문에서 이루어지는 의사결정에 영향을 미칠 수 있는 힘이 있습니다. 디자인 리더가 앞으로 10년 동안 해결해야 하는 숙제가 있습니다. 자신의 조직에서 영향력을 구축하는 것이 얼마나 중요한지 이해하는 것입니다. 그렇다면 영향력은 어떻게 구축할 수 있을까요? 먼저 디자인 외적인 부분에 많은 시간을 투자해야 합니다. 그리고 프로덕트의 사용자 경험에 영향을 미치는 팀들뿐만 아니라 전체 고객 경험에 직접적으로 영향을 미치는 팀들과의 사이에 외교적인 다리도 만들어야 합니다.

이것은 또 무슨 뜻일까요? 우리 디자이너는 비즈니스 전략을 토론하고, 수익을 이해하고, 모든 채널의 전환 지표를 빠짐없이 철저히 조사하고, 고객 지원 부서의 상담 전화를 귀동냥하고, 마케팅에 귀중한 정보가 될 수 있는 고객 행동 유발 요소를 찾는 등에 익숙해질 필요가 있을 것이라는 의미입니다. 이러한 일은 오늘날 우리 디자이너가 별로 잘하지 못하는 영역들이죠.

'사용자 경험 디자이너'에서 '고객 경험 디자이너'로 마인드셋을 바꾸는 것이 대단치 않게 여겨질 수도 있습니다. 하지만 절대 사소하지 않습니다. 이 변화가 촉매제가 되어 당신에 대한 회사의 평가는 물론이고 당신 회사에 대한 고객의 인식도 변할 것입니다. 더 나아가 이 변화 하나가 당신의 회사와 고객을 더 높은 가치까지 이전(value transfer)시킬 것입니다. 마지막으로 귀중한 회사 돈이 디자인에 재투자될 수 있도록 회사로부터 대대적인 지지를 획득하는 가장 확실한 방법입니다.

6.2

저스틴 맥스웰(Justin Maxwell):
창업을 꿈꾸는 디자이너를 위한 조언

저스틴 맥스웰은 내로라하는 IT 공룡인 애플, 구글, 소니와 개인 재무 관리 솔루션을 제공하는 민트닷컴(Mint.com)(금융 소프트웨어 회사 인튜이트(Intuit)에 인수됨)을 포함해 다수의 스타트업에서 디자이너, 관리자, 프로덕트 매니저로 맹활약 했다. 2015년 연중무휴 가상 접수원 서비스를 제공하는 스미스닷에이아이(https://Smith.ai)를 창업한 맥스웰은 현재 이곳에서 최고 디자인 책임자로 재직 중이다.

Q: 맥스웰 씨, 당신은 세계 최고의 IT 기업 몇 곳에 몸 담았고 종국에는 직접 창업까지 했습니다. 당신처럼 창업을 꿈꾸는 디자이너가 많습니다. 이들이 조직에 소속된 디자이너로 일하는 동안 창업을 준비하려면 어떤 기술을 연마해야 할까요?

A: 필요한 기술을 일일이 열거하자면 밤을 새도 모자랍니다. 다만, 당신이 '피고용인' 환경에서 안전하게 훈련할 수 있는 (또는 다른 사람에게 요구할 수 있는) 기술에만 초점을 맞춘다면 궁극적으로는 기술 모두가 세 가지 핵심 범주로 나뉩니다. 규율, 대인 기술, 큰 그림을 그리는 거시적 사고입니다.

'규율'은 내 개인적으로 가장 큰 약점입니다. 많은 사람이 그렇듯이 나도 미루고 꾸물거리는 성격과 매일 전쟁을 치릅니다. 하지만 규율이 필요하지 않은 일은 없습니다. 목표 및 핵심 성과지표(Objectives and Key Results, OKR)와 주요 원칙을 엄격히 준수하려면 당연히 규율이 필요합니다. 심지어 당신에게 성공했다는 성취감을 안겨줄지는 몰라도 가시적인 변화를 만들어내지 못하는 번지르르한 무언가를 추구하는 것에까지 규율을 적용해야 합니다. 특히 피고용인이라면 당신에게 규율을 강제하기 위해 다른 사람이 (또는 조직이) 부과하는 제약에 의존하기 십상입니다. 하지만 창업자로서 조직을 이끌 때는 달라져야 합니다. 조직 전체를 당신 자신이 부과하는 제약 및 목표와 지속적으로 정렬시켜야 하는 책임은 오롯이 당신의 몫입니다. B. J. 포그(Brian Jeffrey Fogg)가 《습관의 디테일(Tiny Habits)》에서 제안하는 작은 습관 훈련부터 시작해서 규율로 이어지는 고속도로의 역할을 하는 신경 경로(Neural Pathway)를 만드세요. 이렇게 하면 누군가 당신에게 규율을 바랄 때 규율이 자연스럽게 발휘될 수 있습니다. 이 외에도 포그의 방법론은 조직화, 우선 순위 정하기, 집중하기(주의산만 요소 제거), 운동, 건강과 위생 등에 관한 작은 습관도 알려줍니다.

'대인 관계 기술'은 범위가 아주 넓지만 궁극적인 목표는 타인을 일종의 촉진제로 사용해 당신의 목표 달성을 앞당기는 데에 있습니다. 협상은 업무적으로나 개인적으로 일상에서 가장 많이 사용되는 대인 기술이라고 봅니다(스튜어트 다이아몬드(Stuart Diamond)가 세계적인 MBA 와튼 스쿨(Wharton School)에서 협상에 대해 가르치는 〈어떻게 원하는 것을 얻는가(Getting More)〉 강의를 찾아보세요). 그리고 프레젠테이션과 스토리텔링 기술들은 새로운 기능이든, 벤처 캐피털 대상 피치(pitch)든 당신의 비전에 다른 사람이 동조하도록 만들기 위해 필요합니다. 관리 경험은 시간이 해결해주는 것이지 우리가 가속화시킬 수 있는 방법은 없습니다. 하지만 적극적 경청(active listening), 비판적 질문, 채용과 면접, 영업, 피칭 등의 기술은 다릅니다. 우리는 현재의 자리와 역할에서 이러한 기술을 자신의 강점으로 충분히 만들 수 있습니다. 영업하고 거절 당하는 과정을 통해 소위 얼굴에 철판을 깔고 맷집을 키우는 것은(다른 말로 자아를 내려놓는 것은) 채용부터 고객 유치에 이르기까지 모든 상호작용에서 도움이 됩니다. 지극히 당연한 말이지만 한 가지 당부하고 싶습니다. 당신이 글로든 말로든 커뮤니케이션할 때 신뢰를 주지 못한다면 당장 이 점을 고쳐야 합니다. 아니, 최소한 누군가에게 이메일을 발송하기 전에 그래머리(Grammarly)로 문법 검사라도 반드시 해보세요.

마지막으로 '큰 그림을 그리는 사고'는 목표 및 핵심 성과 지표, 즉 OKR과 원칙 기반 사고(Principled Thinking)에서 핵심입니다. 이러한 용어가 남발되지만 사실 올바르게 사용되는 경우는 극히 드뭅니다. 아무리 수년간 드리블에 게시물을 올리고 최신 유행의 타이포그래피를 선택했더라도 사용자의 가려운 곳을 긁어

주지 못하는 프로덕트나 서비스의 디자인은 빛 좋은 개살구입니다. 당신 회사의 프로덕트나 서비스의 디자인도 마찬가지입니다. 가장 먼저, 사용자 니즈를 충족시켜주어야 합니다. 경쟁이 치열한 포화 시장에서 미학적인 강점이 당신의 유일한 차별화 요소가 아니라면 이제는 최소한의 기본에 편안해져야 합니다. 기업의 리더로서 거시적 사고로 큰 그림을 그린다는 것은 단어를 신중하게 선택하고, 돈을 현명하게 지출하고, 체계적인 우선 순위에 따라 프로덕트 결정을 내리고, 당신이 설정한 목표의 달성을 앞당겨주는 기회를 찾는다는 뜻입니다.

세상의 모든 창업자는 나와 비슷하리라 생각합니다. 아는 것과 실천하는 것은 다릅니다. 나도 위의 조언을 언제 어디서나 100% 지킬 수 있다면 얼마나 좋겠습니까? 하지만 창업자에게 필요한 최후의 기술은 따로 있습니다. 혼란과 혼돈으로부터 편안해지세요.

6.3

헬렌 트랜(Helen Tran): 대부분의 디자이너가 간과하는 기술

캐나다 토론토에 거주하는 프로덕트 디자이너 헬렌 트랜은 4년 간 캐나다의 이커머스(전자상거래) 플랫폼 쇼피파이(*Shopify*) 에서 근무했다. 그중 마지막 2년은 디자인 리드로서 30명의 디자이너로 구성된 팀을 구축하기도 했다. 또한 트랜은 쇼피 파이의 토론토 지사에서 프로덕트 디자이너 인턴 프로그램을 설계한 장본인이었다. 최근 트랜은 창업가의 길로 들어선 뒤 소프트웨어 프로덕트 개발에 매진하는 동시에 부업으로 프로 덕트 디자이너의 멘토로 활동한다.

Q: 트랜 씨, 당신은 쇼피파이에서 디자이너 팀을 구축하는 과정과 현재 멘 토링 프로그램을 통해 많은 디자이너 지원자를 만나보았습니다. 이들 디자

이너가 간과하기 쉬운 기술 중 자신의 성장이나 채용 가능성에 걸림돌이 되는 하나의 기술은 무엇입니까? 디자이너가 이 기술을 배우고 훈련하는 데에 도움이 되는 조언을 들려주세요.

A: 디자이너의 본분은 당연히 프로덕트나 기능을 구축하도록 돕는 것입니다. 하지만 디자이너의 역할에서 큰 비중을 차지하는 부분은 모든 관련자가 사용자에게 적절한 프로덕트나 기능을 만들도록 하는 일입니다. 비즈니스 니즈와 사용자 니즈를 이어주는 다리 같은 무언가를 설명할 수 없는 디자이너는, 제가 보기에는 백발백중입니다. 스스로 조사를 하지 않은 사람입니다.

디자이너에게 타깃 시장이 주어지면 보통 지시를 준 사람이 가정한 것이 옳다고 믿습니다. 하지만 그러한 가정은 대개 옳지 않으며 누군가의 편견에 깊이 물들어 있는 경우가 허다합니다. 디자이너는 철저한 조사를 수행하여 가정을 검증하고, 아무도 원하거나 필요로 하지 않는 것을 만드는 데에 팀이 시간을 낭비하지 않도록 해야 합니다(니즈(needs)와 원츠(wants)는 다릅니다).[3]

---

3   **역주** 니즈는 사람의 기본적인 욕구로서 허기처럼 필요성을 느끼는 상태를 말하는 반면, 사회적 상호작용에 의해 형성된 욕구인 원츠는 먹고 싶은 음식을 특정하는 것처럼 구체적인 제품이나 서비스에 대한 욕구를 의미한다.

가정을 재확인하는 데에 유용한 산출물은 다양합니다. 사용자 경험/서비스/여정을 지도로 작성해도 좋고, 디자인 스프린트 (Design Sprint)를 실시하는 것도 도움이 됩니다. 혹은 심층적인 시장 조사를 수행할 수도 있습니다. 이러한 산출물에 더해, 팀에게 프레젠테이션하고 팀이 비즈니스와 사용자 모두에게 가장 타당한 것을 만들도록 독려하기 위해 리더십과 소프트 스킬, 즉 대인 관계 기술도 필요합니다.

실질적인 산출물은 무엇이든 반복을 통해 훈련할 수 있습니다. 소프트 스킬도 마찬가지입니다. 팀과 그룹 비평을 진행하고, 전사(全社)적인 연설 기회에 더 많이 참가하며, 집단 회고적 활동 (Retrospective Activity)을 실시하십시오. 프리랜서라면 토스트마스터[4] 클럽, 즉흥 연기 모임, 자주 만남을 가지는 친목 단체 등에 참여하십시오. 요컨대 당신의 안전 지대인 IT 분야를 벗어나 외부 집단에서 훈련하기 위해 최선을 다하십시오.

당신의 기존 신념이나 편견에 도전하고 의문을 제기하세요. 마음이 불편하다면 이것은 좋은 징후입니다.

4 　역주　Toastmaster. 커뮤니케이션, 대중 연설, 리더십 증진을 목적으로 클럽을 운영하는 미국의 비영리 교육 기관이다.

6.4

조엘 캘리퍼(Joel Califa): 두 가지 구직 조언

조엘 캘리퍼는 웹호스팅 서비스 깃허브[5]의 책임 프로덕트 디자이너를 거쳐 현재 디지털 고객 여정 전문 플랫폼 히프 *(Heap)*의 디자인 담당 부사장으로 재직 중이다. 깃허브에 합류하기 전, 캘리퍼는 클라우드 컴퓨팅 플랫폼 디지털오션 *(DigitalOcean)*에서 프로덕트 디자인 팀을 직접 구축했고 이끌었다.

5 　역주　GitHub, 분산 버전 관리 툴인 깃을 사용하는 프로젝트를 지원하는 웹 서비스이다.

Q: 캘리퍼 씨, 당신은 채용 관리자 경험도 있고 지원자로 면접을 치렀습니다. 이러한 두 가지 상반된 경험을 토대로, 정규직으로 이직을 원하는 디자이너에게 어떤 조언을 해주시겠습니까?

A: 내가 조언할 때 자주 하는 단골 레퍼토리가 있습니다. 취업 과정을 디자인 프로세스로 생각하라는 것입니다. 요컨대 당신은 프로덕트고 채용 담당자는 사용자입니다. 당신은 사용자인 상대방이 좋은 경험을 하고, 당신이 판매하고자 하는 것을 구매하기 바랍니다. 다시 말해, 채용 담당자는 당신이 어떤 사람이고 당신이 자신을 위해 무엇을 해줄 수 있는지 이해하고, 그런 다음 당신이 제공할 수 있는 그것이 자신의 니즈에 부합하는지 결정할 필요가 있습니다. 그것도 아주 신속하게 말이죠.

이렇게 하려면 당신은 조사를 많이 해야 합니다. 예컨대 "이번 채용 관리자는 어떤 사람이고 그의 가치관이 무엇일까?"라고 스스로에게 물어보는 식입니다. 이 질문에 답을 찾으려면 어떻게 해야 할까요? 관리자의 개인 사이트를 방문하고, 트위터 활동을 확인하고, 특정 사이트들에 남긴 댓글을 추적할 수 있습니다. 이 외에도 잘하면 당신이 다른 지원자와 차별화되고 돋보이게 해줄 수 있는 질문이 상당히 많습니다. "이 사람의 팀은 어떤 가치관을 가지고 있을까?", "이들은 이제까지 어떤 사람을 채용했을까?", "이번에 채용하려는 역할에 필요한 조건은 무엇일까?", "어떤 종류의 언어를 사용하는가?", "문화는 어떨까?" 이런 모든 데이터는 당신이 차별화되려면 어떻게 해야 하는지, 당신을 어떤 식으로 표현하고 당신이 보유한 기술을 어떻게 강조해야 하는지, 어떤 경로로 지원해야 하는지, 자기 소개서에는 어떤 내용을 담아야 하는지 등을 알려줄 수 있습니다. 더 나아가 이러한 데이터를 통해 이번 역할이 당신에게 맞는 일인지도 더 정확히 이해할 수 있습니다.

지원할 때마다 대상자가 달라지니 이런 식의 조사를 매번 해야 하는 것은 당연합니다. 또한 지원하는 방식도 상대에 맞춰 달라져야 합니다. '일단 뿌려놓고 잘 되기를 바라는(spray and pray)' 요행적 접근법으로는 당신이 원하는 일자리를 가질 수 없습니다. 채용 관리자였을 때 나는 매주 수십 명의 이력서와 포트폴리오를 검토했습니다. 아니, 수백 건에 달할 수도 있습니다. 그러다보니 나는 특정한 여러 습관이 만들어졌고 패턴을 파악하는 안목이 생겼습니다. 또한 일단 거르고 보는 것도 많아졌습니다. 지원자가 바라는 것은 똑같습니다. 어떻게든 완벽한 첫인상을 주고 싶겠죠. 하지만 이것은 저절로 되지 않습니다. 되도록 완벽한 첫인상을 주려면 어떻게 해야 하는지는 명백합니다. 지원서의 모든 측면을 매끄럽게 만들어야 합니다. 한 가지도 설렁설렁하지 말고 철저히 계획적이고 체계적이어야 합니다. 오타는 단 한 개도 용납되지 않습니다. 지원서에는 정제된 메시지를 담고 채용 담당 팀이 당신이라는 지원자에 대해 더 알고 싶도록 만들어야 합니다.

두 번째 조언은 인맥을 구축하는 법을 배우라는 것입니다. 이것은 아무 모임에 나가 아무하고나 명함을 교환하라는 말이 아닙니다. 오히려 마음이 끌리는 디자이너 모임이 있으면 예의 주시하고 당신이 좋아하는 사람에게 연락하고 관계를 만든다는 뜻입니다. 사람들이 가장 오해하는 부분은 이러한 활동을 진정한 인간 관계가 아닌 원하는 것을 주고 받는 교환처럼 생각하는 것입니다. 만약 누군가에게 관심이 생긴다면 상대를 알기 위해 진심으로 최선을 다하세요. 새로운 친구로 발전할 수도 있습니다. 절대 대가를 바라지 말고 그저 가능할 때마다 도와주려 노력하세요. 그리고 모두에게 친절하세요. 이러한 행동이… 나는 내 성공의 일등 비결이라고 생각합니다. 몇 년간 이렇게 해보세요.

당신이 알아야 할 필요가 있는 모든 사람과 친분이 생길 것입니다. 사람들이 당신과 당신의 평판에 대해 알 때 기회를 얻기 훨씬 쉬운 법입니다. 더 중요한 것은 원하는 일자리에 채용될 가능성이 훨씬 높아진다는 것입니다. 물론 당신에게 해당 역할에 필요한 기술이 없다면 채용은 그림의 떡일 테지만요. 하지만 사람들이 당신과 당신의 평판을 아는 것은 엄청난 차이를 만들 수 있습니다.

마지막으로 이러한 일에는 많은 시간과 노력이 필요하다는 점을 명심하세요. 시간과 노력을 적극적으로 투자한다면 처음 시작했을 때보다 당신의 삶이 훨씬 나아질 수 있습니다.

6.5

미아 블룸(Mia Blume): 미래의 디자인 관리자가 숙달해야 하는 기술

미아 블룸은 '디자이너의 디자이너를 위한 리더십 훈련소' 디자인뎁트(Design Dept.)의 창업자이자 최고경영자다. 핀터레스트, 모바일 결제 플랫폼 스퀘어(Square), 디자인 컨설팅 전문 기업 아이디오(IDEO) 등에서 디자인 리더를 지낸 블룸은 2016년 크리에이티브 리더의 작업 방식을 변화시키는 데 도움을 주고자 디자인뎁트를 창업했다. 그리고 1년 뒤 2017년 디자인 산업의 여성 종사자를 위한 리더십 워크숍 시리즈 위딘 (Within)을 출범시켰다.

Q: 블룸 씨, 디자이너라면 누구나 커리어의 어느 지점에서 갈림길에 서게 됩니다. 개인 기여자(Individual Contributor, IC)로 성장할지 아니면 관리자 경로를 추구해야 할지 고민하는 것이죠. 당신은 프로덕트 관련 기업들과 에이전시에서 디자이너들을 관리했습니다. 그리고 지금은 디자이너에게 관리자가 되는 방법을 교육시키는 회사를 직접 운영하고 있고요. 당신의 경험에서 볼 때, 팀 리더를 희망하는 많은 디자이너에게 보편적으로 부족한 기술 하나는 무엇입니까? 디자이너는 이 기술을 어떻게 훈련할 수 있을까요?

A: 나는 디자이너가 비즈니스 리더로 성장하는 경로는 IT 산업의 나머지 부문과 다르다고 생각합니다. 디자이너는 오랜 시간 자신의 전문성을 연마하고, 이를 통해 비즈니스 리더십에 가장 필수적인 일부 기술을 획득한다고 봅니다. 창조성, 비전, 스토리텔링, 공감, 시스템 사고[6] 등이 이런 기술에 포함되죠.

그렇다고 모든 디자이너가 처음부터 성공할 준비가 되어 있다는 뜻은 아닙니다. 디자이너가 관리자 세상에 입문할 때 수용해야 하는 변화가 많습니다. 가장 중요한 변화 중 하나는 통제력

---

6 역주 Systems Thinking. 세상을 여러 부분으로 나누는 것이 아니라 전체와 관계의 관점에서 바라봄으로써 세상의 복잡성을 이해하는 방법을 말한다.

을 내려놓고 코치가 되는 법을 배우는 것입니다.

디자이너는 커리어를 쌓아오면서 공통의 디자인 문제를 해결하는 데에는 도가 트입니다. 하지만 어떤 디자이너도 이러한 문제의 해결법을 가르치는 데는 1초도 시간을 쓰지 않을 것입니다. 따라서 개인 기여자에서 관리자로 변신할 때, 맨 처음 어떤 태도를 보일지 뻔합니다. 팀원들에게 자신의 문제를 자신의 방식으로 해결하는 방법을 알려주고 싶은 마음이 굴뚝 같겠지요.

초보 매니저가 쉽게 실천할 수 있는 아이디어가 있습니다.

- 계속 집중해서 경청하세요. 팀원들이 자진해서 당신에게 대답을 요청할 수도 있겠지만, 가장 중요하고 최우선적인 코칭 기술은 경청입니다.

- 팀원 스스로가 그 문제를 해결할 수 있도록 유도하는, 좋은 역질문을 하세요. "이 프로젝트의 목표는 무엇일까요?", "2주의 시간이 더 주어진다면 당신은 이 일의 우선 순위를 어떻게 정하겠습니까?"라는 식의 질문입니다.

- (위험 부담이 큰 프로젝트 또는 빡빡한 일정처럼) 당신이 반드시 결정을 내리거나 솔루션을 제시할 필요가 없는 경우라면 팀원들 스스로 해결하도록 권한을 위임하세요. 당신은 팀원들이 이 어려움을 충분히 헤쳐나갈 수 있다고 믿는다고, 당신은 언제든 필요한 지원을 아끼지 않을 것이라고 분명하게 말하세요.

- 만약 당신의 의견을 묻는다면 의견을 제시하되. 팀원들이 최상의 정보에 기반하여 스스로 결정을 내리도록 권한을 주고 힘을 실어주세요. 또한 팀원들과 함께 대안을 모색하기 위한 브레인스토밍 회의를 제안하세요. 혹은 그 문제를 독특한 관점으로 바라볼 수도 있는 조직 전반의 구성원과 팀원들을 연결시켜 주세요.

SOLVING
PRODUCT
DESIGN
EXERCISES

추가 리소스

면접 과정

면접 질문 베스트 10과 최고의 답변(Top 10 Job Interview Questions and Best Answers) 내가 이 책의 조사 단계에서 인터뷰했던 많은 디자이너는 행동 기반의 면접 질문에 진땀을 뺀다고 말했다. "당신의 최대 강점은 무엇입니까?", "업무적으로 스트레스를 받았던 상황 하나를 설명하고, 이 상황에 어떻게 대처했는지 말해주세요." 같은 질문이다. 불행 중 다행히도 이러한 질문은 디자이너 면접에만 국한되지 않는다. 따라서 이러한 질문에 능숙하게 답변하는 요령에 관한 콘텐츠는 아주 많다. 내가 꼭 당부하고 싶은 말은, 디자인 실기 테스트 단계까지 올라갈 수 있도록 이러한 질문에 미리 대비하라는 것이다. 개인 금융에 관한 웹사이트 더 밸런스(The Balance)가 이러한 대비를 시작하는 좋은 출발점을 제공한다.

thebalancemoney.com/top-interview-questions-and-best-answers-2061225

프로덕트 비평하는 법(How to do a Product Critique) 메타의 디자인 부문 부사장을 역임한 줄리 줘가 면접 과정의 프로덕트 비평 단계에서 어떻게 해야 하는지 비법을 알려준다.

medium.com/the-year-of-the-looking-glass/how-to-do-a-product-critique-98b657050638

UX 면접의 단골 질문 10가지(10 Questions You'll Be Asked in a UX Interview) 아이언 쇼언(Ian Schoen, 세계 최고의 고객 관계 관리(Customer Relationship Management, CRM) 플랫폼 세일즈포스(SalesForce)의 책임 프로덕트 디자이너를 역임, 인공 지능(Artificial Intelligence, AI) 기반 음성 텍스트 변환 서비스를 제공하는 오터앳에이아이(Otter.ai)의 현(現) 프로덕트 디자이너)이 자신의 구직 활동 중에 실제로 받았던 중요한 질문을 소개하는 이 목록은, 비공식적인 '커피 타임', 전화 통화, 디자인 프레젠테이션, 일대일 면접 등을 포함해 총 40회가 넘는 자신의 면접 경험에 기반한다.

medium.com/salesforce-ux/10-questions-youll-be-asked-in-a-ux-interview-f93foc78f31d

UX 무경험자는 UX 포트폴리오를 어떻게 준비할 수 있을까?(How to build a UX portfolio if I have never worked in UX?) 프로덕트 디자이너이자 작가로 활동하는 파브리시오 테세이라(Fabricio Teixeira)(세계적인 디지털 광고대행사 알지에이(R/GA)의 크리에

이티브 디렉터를 거쳐 현재 디지털 전문 광고 대행사 워크앤코 (Work & Co.)의 디자인 파트너)가 디자인 산업의 '닭이 먼저냐 달 걀이 먼저냐' 모순을 극복할 수 있는 비법을 공개한다. 채용되려면 포트폴리오가 필요한데, 채용되지 않으면 포트폴리오를 만들 수 없는 이 모순을 어떻게 타개할 수 있을까? 테세이라가 이 문제를 해결하는 다섯 가지 방법을 제안한다.

uxdesign.cc/how-to-build-a-ux-portfolio-if-i-have-never-worked-in-ux-80ebab8f3407

프로덕트 디자인과 UX 교육 리소스 ——————————

하이 레졸루션(High Resolution)은 리미티드 동영상–팟캐스트 시리즈로 에어비앤비, 우버, 스포티파이, 메타, 구글, 아이디오, 인스타그램, 슬랙 같은 IT 거인 기업의 디자인 리더들과의 인터뷰를 포함한다. 공동 진행자인 바비 고샬(6장 서두에 고샬과의 인터뷰가 실려 있다)과 재러드 에런두(Jared Erondu)는 초대 손님들과 각자 회사가 디자인에 어떤 식으로 접근하고 디자인을 어떻게 커뮤니케이션하며 어떻게 활용하는지에 관해 토론을 벌인다.

highresolution.design

케이스 스터디 클럽(Case Study Club)은 웹 전반으로부터 디지털 프로덕트를 구축하는 방법에 관한 케이스 스터디를 수집한다.

casestudy.club

디자인베터닷코(DesignBetter.Co)는 비주얼 협업 플랫폼 인비전 (InVision)이 제공하는 프로덕트 디자인과 관련된 교육 리소스다. 각각 101가지 프로덕트 디자인 원칙, 디자인 씽킹, 디자인 리더십, 디자인 시스템 등을 주제로 하는 총 네 권을 전자책을 무료로 제공한다.

닐슨 노먼 그룹(Nielson Norman Group)은 사용자 경험을 가장 심도 깊게 다루는 가장 믿을 수 있는 리소스 가운데 하나다. 닐슨 노먼 그룹은 컨설팅 회사로서 자사가 수행하는 연구를 공유하고 무료 교육 자료를 생산한다.

nngroup.com/articles/

커리어 관련 조언

코이 빈(Khoi Vinh)의 《그들은 어떻게 성공했을까(How They Got

There)》는 〈뉴욕타임스〉의 디자인 디렉터를 거쳐 아이패드 앱 믹셀(Mixel)을 공동 창업했으며 오늘날 어도비 모바일에서 프로덕트 디자인 수석 디렉터로 일하는 빈이 다수의 디지털 디자이너와 커리어에 관해 인터뷰한 내용을 엮은 책이다. 그가 인터뷰한 사람 중에는 댄 시더홈(Dan Cederholm)(드리블의 공동 창업자), 제프 티헌(Geoff Teehan)(캐나다 토론토 기반의 UX 디자인 스튜디오 티헌+랙스(Teehan+Lax)의 공동 창업자, 메타의 전(前) 프로덕트 디자인 디렉터, 라이트스파크(Lightspark)의 현 최고 디자인 책임자(Chief Design Officer, CDO)), 에번 샤프(Evan Sharp)(핀터레스트의 공동 창업자), 마코스 웨스캠프(Marcos Weskamp)(소셜 뉴스 플랫폼 플립보드(Flipboard)의 디자인 총괄 책임자 역임, 애플의 현 휴먼 인터페이스(Human Interface) 디자이너) 등이 포함되어 있다.

howtheygotthere.com

《디자이너 파운더스(Designer Founders)》는 디자이너 출신으로 세상에서 가장 성공한 기업가들과의 인터뷰를 묶은 전자책 시리즈다. 이브 베하(Ybes Behar, 산업 디자인과 브랜딩 전문 기업 퓨즈프로젝트(fuseproject)), 에번 샤프(핀터레스트), 스콧 벨스

키(Scott Belsky)(비핸스), 자크 클라인(Zack Klein)(동영상 공유 웹사이트 비메오(Vimeo)), 제프 빈(Jeff Veen)(웹 글꼴 툴 타입킷[1]) 등이 자신의 개인적인 창업 성공담과 그 과정에서 배운 교훈을 들려준다.

designerfounders.com

디자인 커리어의 시작(The Beginning of your Design Career)은 줄리 쥬가 3단계 디자인 커리어에 대해 짧고 굵게 들려준다.

medium.com/the-year-of-the-looking-glass/the-beginning-of-your-design-career-549828025494

디자이너 채용

프로덕트 디자인 채용 경험 설계하기(Crafting the Product Design Hiring Experience)는 현재 깃허브의 디자인 매니저인 사브리나 마지드(Sabrina Majeed)가 디지털 미디어 기업 버즈피드(BuzzFeed)에 재직할 당시 회사의 채용 과정을 상세히 소개한다. 마지드는 세 건의 글을 통해 지원자 소싱[2]부터 신입 디자이너 온보딩

1 　역주 Typekit, 어도비에 인수되었다.

2 　역주 sourcing, 다양한 채널과 네트워크를 활용하여 잠재적인 채용 후보자를 찾아내고 인재 데이터베이스를 구축하는 과정을 말한다.

에 이르기까지 전 채용 과정을 해부한다. 한편 버즈피드는 사내 디자이너 직함과 각자의 전문성에 기반하는 레벨제(leveling)를 github.com/buzzfeed/design에 공유했다. 나는 디자이너와 여타 기업이 배울 수 있도록 버즈피드의 사례를 본받아 채용 과정을 더욱 투명하게 만드는 기업이 많아지기를 간절히 희망한다.

tech.buzzfeed.com/@sabrina

디자이너를 채용하는 방법(How to hire designers)은 비즈니스 메신저 소프트웨어 회사 인터콤(Intercom)의 최고 프로덕트 책임자(Chief Product Officer, CPO) 폴 애덤스(Paul Adams)가 기업이 디자인 지원자를 대상으로 반드시 검증해야 하는 네 가지 기술을 상세히 소개한다.

blog.intercom.com/how-to-hire-designers

코슬라 벤처스(Khosla Ventures)는 캘리포니아에 기반을 두는 벤처 캐피털 회사로 IT 산업의 디자이너 채용에 관한 완벽한 리소스를 구축했다…. 코슬라 벤처스의 리소스는 기업이 UX 기술 평가 방법, 직무 기술서 작성 요령, 지원자 소싱 비법과 면접 기법 등을 더 잘 이해하도록 도와준다.

khoslaventures.com/resources/design-ux

구인 광고: 좋은 채용 경험의 시작(Your Job Ad: The Start of a Great Hiring Experience)은 UX 디자인에 관한 연구와 교육을 제공하는 센터 센터-유아이이(Center Centre-UIE)의 공동 창업자이자 공동 최고경영자이며 UX 디자인 전략의 권위자인 재러드 스풀(Jared Spool)이 지원자를 늘릴 수 있는 효과적인 구인 광고를 작성하는 방법에 관한 노하우를 대방출한다. 또한 채용 과정 설계에 관한 스풀의 인터뷰 영상도 확인해보라. 그의 동영상은 youtube.com/watch?v=6kDPodOOxLU에서 찾을 수 있다.

articles.uie.com/job_ad/

디자인의 임팩트

기술 중심의 리소스에만 국한하지 말고 디자인의 임팩트에 관한 리소스도 찾아보기 바란다. 디자인 임팩트에 관한 유익한 네 개의 리소스가 있다.

오프스크린 매거진(Offscreen Magazine)은 호주에서 발행되는 오프라인 잡지로서 우리가 테크놀로지를 어떻게 형성하고, 테크놀로지는 우리를 어떻게 형성하는가에 관한 비판적인 중요한 질문들을 던진다.

offscreenmag.com

《엔딩: 우리가 인류, 프로덕트, 서비스, 디지털의 끝을 간과하는 이유와, 간과하면 안 되는 이유(Ends: Why we overlook endings for humans, products, services and digital. And why we shouldn't)》는 런던 기반의 소프트웨어 및 비디오게임 개발 업체 어스투(Ustwo)에서 디자인 총괄 책임자를 역임한 조 매클라우드(Joe Macleod)의 책이다. 매클라우드의 저서는 디자이너이자 소비자인 우리가 어째서 프로덕트의 끝을 간과하는지, 이런 무관심이 세상에 어떤 부정적인 영향을 미치는지, 우리가 이것을 어떻게 고칠 수 있는지 등을 해부한다.

closureexperiences.com

지속 가능한 UX(Sustainable UX)는 프로덕트를 통해 기후 변화, 사회 평등, 포용성 등에 긍정적인 영향을 미치고 싶은 프로덕트 전문가를 위한 무료 온라인 컨퍼런스다.

sustainableux.com

《비극적인 디자인(Tragic Design)》은 조너선 샤리아트(Jonathan Shariat)와 신시아 사바르 소시에(Cynthia Savard Saucier)의 공동 저서다. 샤리아트와 소시에는 디자인 자체에 문제가 있는 프로덕트가 어떤 폐해를 가져올 수 있는지 면밀히 파고든다. 저자들에 따르면 담당 디자이너에게 악의가 전혀 없음에도 불구하고 이러한 프로덕트는 사용자에게 분노, 슬픔, 소외감 등을 안겨주고 심지어는 사용자를 죽음에 이르게 만들 수도 있다고 한다. 이 책은 디자이너가 이러한 종류의 실수를 피할 수 있는 방법을 가르쳐준다.

tragicdesign.com

SOLVING
PRODUCT
DESIGN
EXERCISES

—— 부록 ——

디자인 실기 테스트 캔버스

템플릿

① 왜
잠재적 목표를 이해하라

② 누가
오디언스를 정의하라

③ 언제 그리고 어디서
고객의 컨텍스트와 니즈를 이해하라

④ 무엇을
아이디어를 도출하라(브레인RNA, B, C, ...)

⑤ 아이디어의 우선 순위를
정하고 하나를 선택하라

⑥ 솔루션을 만들어라

⑦ 어떻게
제품을 제작하라

나는 2장에서 소개한 7단계의 길잡이를 제공하고, 당신이 프레임워크를 쉽게 기억할 수 있도록 프레임워크 캔버스를 준비했다. 이 캔버스는 A4 용지에 출력하거나 https://productdesigninterview.com/canvas에서 내려받아 이 책 말미의 실기 문제를 풀이하는 연습용으로 사용해도 좋다. 한국어 버전은 https://github.com/gilbutitbook/080377에서 받을 수 있다.